O selo DIALÓGICA da Editora InterSaberes *faz referência às publicações que privilegiam uma linguagem na qual o autor dialoga com o leitor por meio de recursos textuais e visuais, o que torna o conteúdo muito mais dinâmico. São livros que criam um ambiente de interação com o leitor – seu universo cultural, social e de elaboração de conhecimentos –, possibilitando um real processo de interlocução para que a comunicação se efetive.*

DIALÓGICA

SÉRIE GESTÃO PÚBLICA

formação e gestão de políticas públicas • Roosevelt Brasil Queiroz

EDITORA intersaberes

Rua Clara Vendramim, 58 . Mossunguê
CEP 81200-170 . Curitiba . PR . Brasil
Fone: (41) 2106-4170
www.intersaberes.com
editora@editoraintersaberes.com.br

conselho editorial • Dr. Ivo José Both (presidente)
Dr.ª Elena Godoy
Dr. Nelson Luís Dias
Dr. Neri dos Santos
Dr. Ulf Gregor Baranow

editor-chefe • Lindsay Azambuja

editor-assistente • Ariadne Nunes Wenger

editor de arte • Raphael Bernadelli

análise de informação • Adriane Beirauti

revisão de texto • Monique Gonçalves

capa • Denis Kaio Tanaami
Fernando Zanoni Szytko

diagramação • Fernando Zanoni Szytko

fotografias e projeto gráfico • Raphael Bernadelli

iconografia • Danielle Scholtz

Dados Internacionais de Catalogação na Publicação (CIP)
(Câmara Brasileira do Livro, SP, Brasil)

♦ ♦ ♦

Queiroz, Roosevelt Brasil
   Formação e gestão de políticas públicas / Roosevelt Brasil Queiroz. – Curitiba: InterSaberes, 2012. – (Série Gestão Pública).

ISBN 978-85-65704-74-8

   1. Administração pública 2. Administração pública – Brasil I. Título II. Série.

12-06406   CDD-354.81

♦ ♦ ♦

Índices para catálogo sistemático:
1. Brasil : Administração pública 354.81

1ª edição, 2012.

Foi feito o depósito legal.

Informamos que é de inteira responsabilidade do autor a emissão de conceitos.

Nenhuma parte desta publicação poderá ser reproduzida por qualquer meio ou forma sem a prévia autorização da Editora InterSaberes.

A violação dos direitos autorais é crime estabelecido na Lei nº 9.610/1998 e punido pelo art. 184 do Código Penal.

✦ ✦ ✦

Sumário

Apresentação, 12
Como aproveitar ao máximo este livro, 20

    capítulo um   As transformações na economia mundial e a crise do Estado, 24

    capítulo dois   As mudanças nas relações entre o Estado e a sociedade, 70

    capítulo três   Políticas públicas, 94

    capítulo quatro   Formação e gestão de políticas públicas, 114

    capítulo cinco   Ferramentas para a formulação e a gestão, 166

    capítulo seis   Indicadores, 198

    capítulo sete   Serviços públicos, 216

Para concluir..., 236
Referências, 242
Apêndice, 248
Respostas, 276
Sobre o autor, 277

Agradeço a Adriane Martins Beirauti, pela dedicação e pela competência demonstradas no processo de revisão e de estruturação deste livro.

O planejamento não é algo que se coloca no lugar dos processos decisórios que são necessariamente políticos. Não substitui nem reduz o seu caráter estratégico. O planejamento é, sim, um instrumento auxiliar imprescindível para se poder governar com resultados.

O autor

Apresentação

Percebemos as políticas públicas como as respostas que os governos devem dar para mitigar ou para solucionar os problemas e/ou atender às demandas existentes nas sociedades tendo em vista os objetivos e os direitos fundamentais estabelecidos nas Constituições.

Compreendemos pela expressão *políticas públicas* praticamente tudo o que é feito no âmbito do governo. Assim, uma política pública pode abranger tanto aspectos imateriais, como no caso de uma nova lei ou **_decreto_**, quanto um bem ou um serviço oferecido diretamente à população, no caso de um programa ou de uma ação de governo.

> Forma de edição dos atos de competência privativa do chefe do Poder Executivo. Por meio de decreto, são expedidas normas gerais, como os regulamentos, e normas individuais, como a nomeação ou exoneração de funcionários públicos da alçada do chefe do Poder Executivo.

Nesta obra, partiremos de um ponto de vista mais restrito. Trataremos das políticas públicas, como **_planos_**, programas e ações governamentais,

> O conjunto de programas que buscam objetivos comuns. O plano ordena os objetivos gerais e os desagrega em objetivos específicos, que serão os objetivos dos programas.

que, articulando recursos dos governos e da sociedade civil organizada, destinam-se a intervir na realidade para resolver os problemas dos cidadãos, bem como atender às suas demandas. Uma política pública ou um programa governamental é algo que envolve necessariamente um processo e um resultado.

Diferentemente das políticas de governo, as políticas públicas não guardam necessariamente relação com o mandato de um governo e podem se manter existindo por vários mandatos de diferentes governos.

Nas últimas décadas, as políticas públicas vêm se tornando foco de crescente atenção por parte da sociedade, e em decorrência disso cresce também a preocupação em âmbito governamental e acadêmico com o aprimoramento dos processos de formação, de elaboração, de implantação e de **_avaliação_** das políticas governamentais.

Notamos essa relevância principalmente nos países em desenvolvimento, como o Brasil, nos quais os problemas sociais – como desemprego, falta de segurança pública, exclusão social – além do fato de o acesso de grande parte da população aos serviços públicos essenciais cresce cada vez mais, enquanto, inversamente, a capacidade financeira e técnica de que os governos dispõem para os solucionarem decresceu acentuadamente nas últimas décadas em razão da crise que se abateu sobre o Estado*.

O fator GLOBALIZAÇÃO, considerado umas das principais causas de crises de várias ordens (econômica, social etc.), intensifica-se de forma inexorável e tende a ser excludente por acirrar a competição entre as nações mais desenvolvidas e institucionalmente mais bem organizadas e as nações não desenvolvidas e em desenvolvimento, nas quais as instituições democráticas ainda estão em fase de organização e consolidação.

No entanto, esse mesmo fator abre possibilidade a todos os povos de ampliarem suas perspectivas quanto ao futuro, ao induzir os países menos organizados do ponto de vista político-institucional, devido à sua imaturidade democrática, à necessidade de aprimoramento das suas instituições, sob pena de não conseguirem se inserir de forma adequada numa socioeconomia globalizada.

Nesse contexto, o aprimoramento da eficiência e da efetividade das políticas públicas aparece como uma necessidade fundamental para os países não desenvolvidos e para os em desenvolvimento, caso das nações da América Latina.

Nas últimas décadas, o Brasil procurou avançar na melhoria da qualidade da formulação e da execução de suas políticas públicas,

> Exame sistemático de um objeto de pesquisa baseado em critérios explícitos e mediante procedimentos reconhecidos de coleta e análise de informação sobre o conteúdo, a estrutura, o processo, os resultados e/ou os impactos de políticas, os programas ou as ações. Faz a gestão para o redirecionamento e/ou os ajustes dos objetivos dos programas governamentais e/ou para a reformulação das suas ações e tarefas. Fornece informações e subsídios para a tomada de decisão dos governantes, gestores, formuladores e implementadores das políticas públicas. Imprescindível para a necessária prestação de contas à sociedade e aos órgãos de controle social das ações do governo.

✦ ✦ ✦

* Utilizaremos a palavra *Estado* no seu sentido abrangente, o qual refere-se tanto aos estados nacionais como a todas as três esferas de governo no Brasil: a União, os estados, o Distrito Federal e os municípios.

buscando incorporar métodos e técnicas mais apropriados à complexa situação do ambiente socioeconômico da atualidade.

O método e as técnicas do planejamento tradicional, ou normativo, que durante muitas décadas prevaleceu nos países em desenvolvimento, parecem estar pouco adequados ao processo de formulação e de gestão das políticas públicas nos atuais ambientes de poder cada vez mais descentralizado que caracterizam Estados de democracia recente. Nos últimos anos, novos métodos e técnicas vêm se consolidando como mais apropriados, entre eles os relacionados ao Planejamento Estratégico Situacional (PES).

Contudo, a qualidade das políticas públicas de um determinado governo ou o grau de eficácia de uma política governamental na solução, na mitigação de um problema ou no atendimento de uma demanda social depende de um amplo conjunto de fatores sociopolíticos e também, com grande importância, da capacidade técnico-administrativa existente no governo em questão para dar suporte adequado às decisões políticas na formulação e na gestão das suas políticas.

É nessa direção que este livro se propõe a contribuir, ao disponibilizar conceitos, métodos e ferramentas práticas e acessíveis a todos aqueles que estejam envolvidos com a formulação e a gestão de políticas governamentais na atualidade: os decisores políticos, os seus auxiliares técnicos e os próprios cidadãos no exercício efetivo dos seus direitos democráticos.

No PRIMEIRO CAPÍTULO desta obra, situaremos as políticas públicas no contexto abrangente das transformações que vêm ocorrendo no Estado. São abordadas as dificuldades dos países em desenvolvimento, entre os quais o Brasil, para a realização de reformas estruturais fundamentais, também como são as questões relacionadas à formulação e à gestão das políticas públicas e aquelas relacionadas ao *controle social* destas. Aborda, também, as diferenças entre os métodos do planejamento normativo e do planejamento estratégico situacional e apresenta conceitos relacionados ao objetivo de aprimorar o processo de formulação e de gestão das políticas públicas no país.

Conceitos como "*falhas*" de governo, *rent-seeking* e captura do Estado são apresentados como elementos importantes para um melhor entendimento das dificuldades existentes nos países de democracia recente, nos quais as instituições democráticas ainda estão em fase de construção e/ou consolidação, para avançar na melhoria da qualidade de suas políticas públicas. Neste primeiro capítulo, também serão tecidas considerações sobre aspectos que dificultam a melhoria dos resultados das políticas públicas em países como o Brasil, que não realizaram algumas reformas fundamentais constantes do Plano Diretor da Reforma do Estado, aprovado em 1995.

No SEGUNDO CAPÍTULO, trataremos das mudanças que vêm ocorrendo nas últimas décadas nas relações entre o Estado e a sociedade, como a intensificação do processo de descentralização político-administrativa, a emergência do terceiro setor e o surgimento das comunidades regionais e locais de interesse.

Ainda como falhas de governo encontramos:
- O clientelismo político, que compreende benefícios resultantes da aquisição ou do recebimento de bens ou serviços em troca de lealdade, respaldo e apoio políticos e votos.
- O fisiologismo político, que é entendido como a troca de apoio político por cargos públicos.
- O nepotismo, que é a contratação ou nomeação de parentes para exercer funções ou cargos públicos.
- A governança, que é a capacidade financeira e técnica que um governo dispõe para transformar os compromissos políticos assumidos em políticas públicas que produzam os resultados pretendidos.
- A governabilidade, que é a capacidade política que um governante tem de mobilizar as forças políticas e sociais para o apoio às suas políticas de governo.

Conjunto de meios de intervenção, sejam positivos, sejam negativos, acionados sociedades ou grupo social individualmente, com a finalidade de induzir os próprios membros a se conformarem com as normas existentes, de impedir e desestimular os comportamentos contrários a essas normas, de restabelecer condições de conformação, também em relação a uma mudança do sistema normativo.

No TERCEIRO CAPÍTULO, conceituaremos as políticas públicas, mostrando a área do Estado na qual elas são formuladas, e abordaremos o controle social que deve existir da sociedade em relação às políticas governamentais. Além disso, conheceremos concepções teóricas relacionadas aos processos de formação e de gestão das políticas públicas.

No QUARTO CAPÍTULO, trataremos dos processos de formação e de gestão das políticas públicas dentro dos referenciais metodológicos do planejamento normativo e do planejamento estratégico situacional, enfatizando este último como mais apropriado aos atuais ambientes democráticos dos países em desenvolvimento. Abordaremos também a importância da uniformização de métodos e de conceitos nas atividades relacionadas à formulação e à gestão das políticas públicas.

No QUINTO CAPÍTULO, veremos algumas das principais ferramentas de suporte aos processos de escolha, de formulação e de gestão das políticas públicas, compatíveis com o método do PES.

No SEXTO CAPÍTULO, discutiremos sobre os indicadores, que são instrumentos imprescindíveis aos processos de formulação e de gestão das políticas públicas.

Já no ÚLTIMO CAPÍTULO, abordaremos os serviços públicos, um dos objetos centrais das políticas públicas em todo o mundo.

No apêndice desta obra, apresentaremos as principais características do atual modelo brasileiro de planejamento e orçamento, que é conformado nos instrumentos constitucionais representados pelo Plano Plurianual (PPA), pela Lei de Diretriz Orçamentária (LDO) e pela Lei Orçamentária Anual (LOA).

Entre as fontes de referências utilizadas, merecem destaques as obras *Política, planejamento e governo* e *Adeus, senhor presidente: governantes governados*, ambas de Carlos Matus.

Com o conteúdo trabalhado nesta obra, desejamos a você, leitor, que as razões e/ou objetivos que o levaram a se interessar por este livro possam ser plenamente alcançados.

✦ ✦ ✦

Como aproveitar ao

Este livro traz alguns recursos que visam enriquecer o seu aprendizado, facilitar a compreensão dos conteúdos e tornar a leitura mais dinâmica. São ferramentas projetadas de acordo com a natureza dos temas que vamos examinar. Veja a seguir como esses recursos se encontram distribuídos no projeto gráfico da obra.

Logo na abertura do capítulo, você fica conhecendo os conteúdos que serão nele abordados.

<<

Conteúdos do capítulo:

- Políticas públicas;
- Reformas do Estado;
- Planejamento normativo e planejamento estratégico situacional;
- Falhas de governo;
- *Rent-seeking*.

Você também é informado a respeito das competências que irá desenvolver e dos conhecimentos que irá adquirir com o estudo do capítulo.

<<

Após o estudo deste capítulo, você será capaz de:

- conceituar *Estado* e identificar as duas gerações de reformas pelas quais passou;
- reconhecer as falhas do governo.

máximo este livro

Você dispõe, ao final do capítulo, de uma síntese que traz os principais conceitos nele abordados.

Nesta seção, a proposta é levá-lo a refletir criticamente sobre alguns assuntos e a trocar ideias e experiências com seus pares.

Com estas atividades, você tem a possibilidade de rever os principais conceitos analisados. Ao final do livro, o autor disponibiliza as respostas às questões, a fim de que você possa verificar como está sua aprendizagem.

---

de diagnóstico e solução complexos. Conheceremos ainda as causas e os diagnósticos desses problemas e como eles devem ser formulados.

Questão para reflexão

Fale sobre as formas de planejamento de políticas públicas.

Questões para revisão

1. Em relação ao planejamento normativo e ao planejamento estratégico situacional, assinale a(s) alternativa(s) FALSA(S):
   a. No planejamento normativo, a realidade é vista como algo passivo, que aceita e assimila sem reação o conjunto de medidas que o governo executa.
   b. O modelo normativo não pressupõe a existência de alta governabilidade sobre a realidade na qual se intervém.
   c. O planejamento estratégico situacional incorpora os aspectos políticos como parte integrante do seu processo de trabalho.
   d. O planejamento estratégico situacional vê a realidade como um jogo social.
   e. O planejamento governamental independe de variáveis políticas.

2. Em relação às políticas públicas:
   I. O processo de formação das políticas públicas pode ser visto como um jogo social entre atores que interagem em situações formais e informais.
   II. Não é possível pensar em políticas públicas sem levar em conta a existência das instituições que têm interesses que podem ser atingidos favorável ou desfavoravelmente pelas ações propostas.

Como um pequeno simulado, a questão comentada é uma atividade de múltipla escolha com respostas disponibilizadas pelo próprio autor, complementadas com comentários e explicações.

Questão comentada

No tocante à crise de Estado (iniciada nos anos 1970), assinale a(s) alternativa(s) falsa(s):
  a. Tem um componente fiscal representado pelo elevado endividamento do setor público.
  b. Tem um componente representado pela forma como o Estado intervém na economia.
  c. Tem um componente representado pela forma como o Estado é administrado, apresentando práticas gerenciais superadas e captura das suas instituições por parte de grupos de interesse.
  d. As chamadas *reformas de primeira geração*, originadas nos anos 1970 na Grã-bretanha, preconizavam o fortalecimento do papel do estados nacionais como propulsores do desenvolvimento econômico e social.
  e. Os Estados na América Latina apresentam distorções em seu funcionamento.

Resposta: *alternativa "d"*

Comentário: as reformas de primeira geração deram ênfase à redução do Estado, tanto no que se refere ao seu tamanho quanto no tocante à sua participação nas atividades socioeconômicas. São as denominadas *reformas de segunda geração* que retomam a importância dos Estados nacionais como indutores e reguladores do desenvolvimento social e econômico.

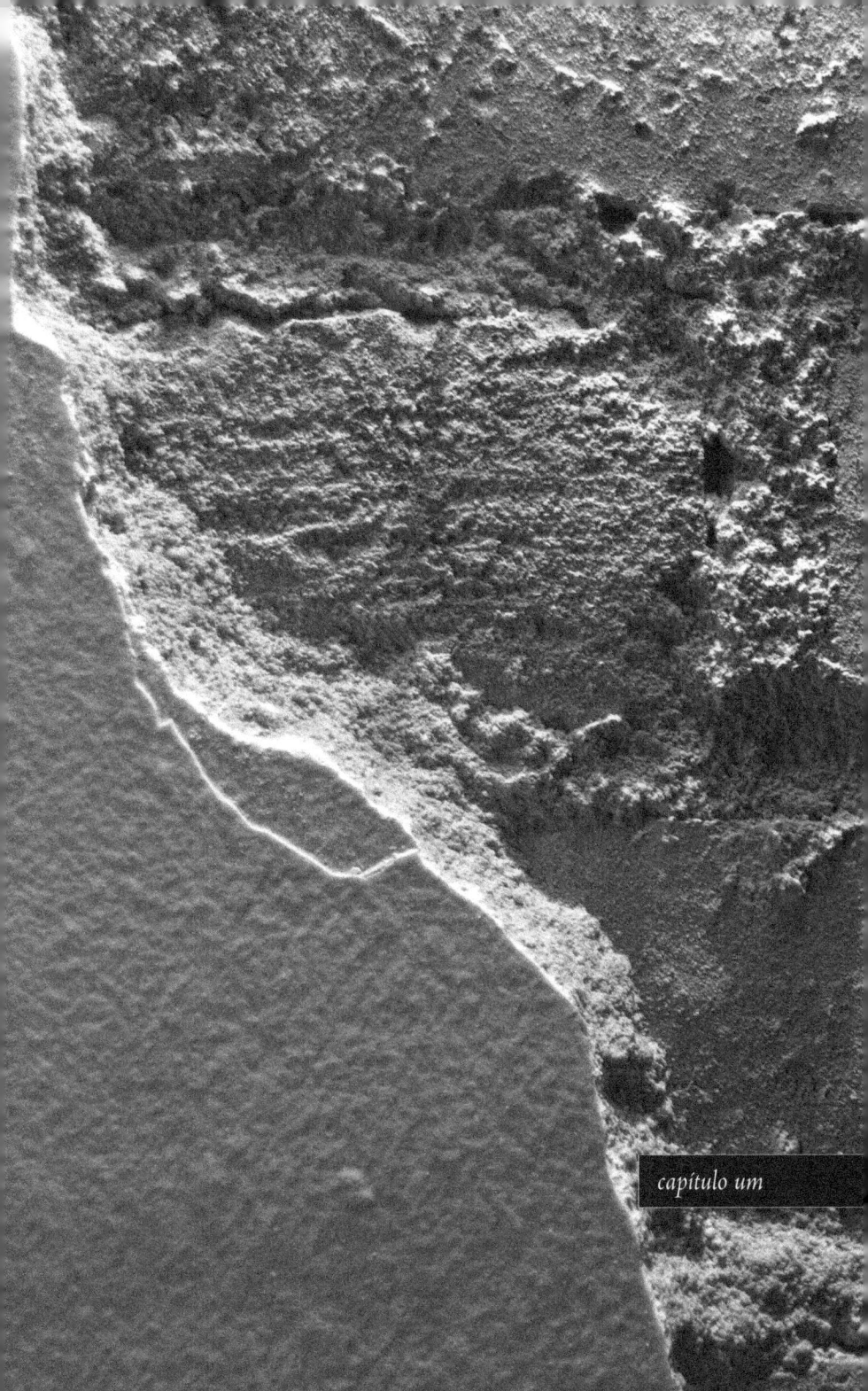

capítulo um

As transformações na economia mundial e a crise do Estado

Conteúdos do capítulo:

* Políticas públicas;
* Reformas do Estado;
* Planejamento normativo e planejamento estratégico situacional;
* Falhas de governo;
* Rent-seeking.

Após o estudo deste capítulo, você será capaz de:

* conceituar *Estado* e identificar as duas gerações de reformas pelas quais passou;
* reconhecer as falhas do governo.

As transformações produtivas, políticas e sociais que têm se intensificado em todo o mundo a partir da década de 1970, em decorrência do avanço da globalização e do aumento da democratização das sociedades, vêm induzindo os Estados a reverem o seu papel e a forma como até então vêm sendo administrados.

Com a finalidade de corrigir as disfunções apresentadas e de realizar os ajustes necessários para dar conta das crescentes necessidades das populações, o ESTADO VEM PASSANDO POR SIGNIFICATIVAS REFORMAS NAS ÚLTIMAS DÉCADAS. Conhecemos, como exemplo dessas reformas, a delegação da prestação de vários serviços públicos à iniciativa privada, a privatização de empresas estatais e a descentralização político-administrativa do poder central para as esferas de poder mais próximas da população, como os municípios e as comunidades.

Entre as disfunções que necessitam de correção nos Estados, algumas das denominadas *falhas de governo* – como as decisões temporais, a superposição de ações governamentais, a falta de foco das programações, o conflito de representatividade nas decisões de alocação de recursos setoriais, o uso inapropriado do critério político em certas escolhas, o atendimento de interesses ilegítimos e o desvio das funções essenciais de Estado – segurança pública, saúde, políticas sociais compensatórias, entre outras – estão entre as mais importantes.

No entanto, identificamos como a principal causa das distorções e do mau funcionamento do Estado contemporâneo e considerado por muitos como o maior problema na atualidade, principalmente nos países em desenvolvimento, a captura do poder de estado por grupos de interesses e a prática do *rent-seeking*, ou seja, a obtenção de rendas, geralmente ilegítimas, valendo-se do poder do Estado. Provavelmente essa é a razão principal das dificuldades nos países de democracia recente, entre os quais está o Brasil, para avançar na melhoria do funcionamento do Estado e na consequente qualidade dos processos de formação e de gestão das suas políticas públicas.

1.1 Conceituando Estado

O homem percebeu que duas forças antagônicas sempre estiveram presentes nas suas relações: a competição e a cooperação. É provável também que, instintivamente, sempre soubesse que a cooperação é a alternativa que maximiza os benefícios para o conjunto.

É possível que o Estado, que entendemos como o conjunto de instituições que controlam e administram uma **nação**, tenha surgido como o instrumento por meio do qual os homens exercitariam a força da cooperação entre eles e, assim, conseguiriam enfrentar com melhores resultados as adversidades do meio ambiente. Ou, como enunciou o filósofo inglês Thomas Hobbes* (1588-1679), o Estado surge para evitar a desagregação que sempre ameaçou os homens (Hobbes, 2002).

> Grupo étnico politicamente consciente.
> Grupo de pessoas com determinadas tendências comuns de ordem moral, cultural e psicológica.

De forma simplificada, podemos perceber o Estado como um contrato social (representado por uma Constituição) que os homens fazem entre si e no qual cada um cede uma parte de sua liberdade, para que este possa regular as relações entre eles e, assim, prover a prosperidade de todos.

De acordo com o economista e cientista social Luiz Carlos Bresser Pereira (1995b, p. 8), "o Estado é uma organização burocrática ou aparelho que se diferencia essencialmente das demais organizações porque é a única que dispõe de poder extroverso – de um poder político que ultrapassa os seus próprios limites organizacionais".

Como ao Estado pode ser dado todo o poder necessário para que cumpra corretamente as funções que justificam a sua existência, os

✦ ✦ ✦
* Matemático, teórico político e filósofo inglês. Acreditava que os homens só viveriam em paz se concordassem em se submeter a um poder absoluto e centralizado.

aspectos que não estiverem funcionando adequadamente nas sociedades serão resultantes, em última análise, do seu mau funcionamento.

Assim, em determinados momentos da história, o Estado foi obrigado a alterar seu modelo e/ou suas funções para se adequar às novas exigências que passam a ser requeridas pelas mudanças no ambiente tecnológico, econômico e social. É o que vem ocorrendo na maioria dos países desde a década de 1970.

> **Pense a respeito!**
>
> O Estado moderno, que teve início no século XVI, trouxe a organização em torno da racionalidade, do "Estado de direito", que são as leis nacionais negociadas num grande acordo social, a Constituição. O Estado é uma estrutura que se "destaca" da sociedade: os cidadãos dão o voto para a formação de uma superestrutura política; o Estado moderno é uma grande máquina política que se estrutura com base na sociedade, com o objetivo de gerenciá-la dentro de uma estrutura legal.

1.2 *Reformas do Estado*

A história nos mostra que, até o início da crise econômica mundial dos anos 1930, prevaleceu nos principais países do mundo um modelo de Estado que era caracterizado por possuir um aparelhamento institucional pequeno e por pouco intervir nas atividades econômicas. Esse modelo de Estado, geralmente denominado *liberal* e que teve como principal ideólogo o filósofo escocês Adam Smith* (1723-1790), entrou em crise quando não conseguiu dar soluções à crise econômica que se

♦ ♦ ♦

* Considerado o pai da economia moderna e o mais importante teórico do liberalismo econômico. Acreditava que a iniciativa privada deveria agir sem intervenção governamental.

instalou nos principais países do mundo no final dos anos 1930 e aos problemas sociais dela decorrentes.

> **Preste atenção!**
>
> Para a realização dos ajustes no papel do Estado, visando enfrentar a crise econômica e reconstruir a economia mundial após a Segunda Guerra Mundial (1939-1945), foi preciso superar a visão de então, defendida por Smith, sobre a superioridade do livre mercado como um regulador automático das economias.

Passou-se, então, a aceitar a necessidade de uma intervenção maior dos Estados nacionais nas economias, conforme propunha o economista inglês John Maynard Keynes (1883-1946), considerado o principal mentor das reformas do Estado ocorridas após os anos 1930. Segundo o que narra Bresser Pereira (1997, p. 10):

> A grande crise dos anos 30 originou-se no mau funcionamento do mercado. Conforme Keynes tão bem verificou, o mercado livre levou as economias capitalistas à insuficiência crônica da demanda agregada. Em consequência entrou também em crise o Estado liberal, dando lugar à emergência do Estado social-burocrático: social porque assume o papel de garantir os direitos sociais e o pleno-emprego; burocrático, porque o faz através da contratação direta de burocratas. Reconhecia-se, assim, o papel complementar do Estado no plano econômico e social. Foi assim que surgiram o Estado do bem-estar nos países desenvolvidos e o Estado desenvolvimentista e protecionista nos países em desenvolvimento.

Assim, no período compreendido entre a Segunda Guerra Mundial e a década de 1970, prevaleceu nos principais países o modelo geralmente denominado Estado keynesiano – em referência ao seu principal mentor. Esse modelo se caracterizava pela forte presença do governo e pela sua intervenção nos ambientes econômico e social, independentemente do modelo político que os principais países apresentavam.

> Modelo de Estado que se configurou após a Segunda Guerra Mundial, tem características centralizadoras e reguladoras e é provedor de bens e serviços sociais. Sistema econômico baseado na livre empresa, mas com acentuada participação do Estado na promoção de benefícios sociais.

Tanto o modelo denominado **_Estado do bem-estar social_** dos países capitalistas desenvolvidos quanto o modelo socialista no Leste Europeu e o modelo desenvolvimentista, sustentado em regimes militares na América Latina, embora com regimes políticos diferentes, caracterizavam-se pelas fortes participação e intervenção dos seus governos nas respectivas economias.

No entanto, após a década de 1970, as políticas do modelo de Estado keynesiano já não se mostravam mais eficazes para suportar a continuidade do ciclo de prosperidade da economia mundial e uma nova crise veio outra vez colocar sob discussão as formas de intervenção do Estado na economia. O modelo keynesiano de Estado passou a ser objeto de questionamentos e revisões.

> Padrão tecnológico e organizacional que permeia as atividades econômicas e sociais de uma sociedade e que se torna "senso comum" no que se refere às práticas mais eficientes tanto na produção como nas demais atividades sociais.

A crise iniciada na década de 1970 e intensificada nos anos 1980 deixou evidente para muitas das principais correntes do pensamento econômico que era uma "crise do Estado" provocada por seu mau funcionamento em decorrência tanto da sua inadequação aos requerimentos do atual **_paradigma técnico-econômico_** de desenvolvimento quanto do fato de se encontrar fortemente capturado por interesses particulares e de ter se desviado de suas funções primordiais (Queiroz, Prado Filho, 2002)

Como nos conta Bresser Pereira (1995b, p. 9) "a grande crise econômica dos anos 1980 reduziu a taxa de crescimento dos países centrais à metade do que foram nos vinte anos que se seguiram à Segunda Guerra Mundial, levou os países em desenvolvimento a terem sua renda por habitante estagnada por 15 anos".

O processo de reforma do Estado que se encontra em curso desde os anos 1970 em todo o mundo e tem apresentado características similares dentro de uma tendência de modernização com diminuição do seu papel e consequentes repasses de atribuições e de funções a instâncias subnacionais e locais, assim como à sociedade civil e à iniciativa privada.

Dessa forma, os Estados deixam a produção direta de bens e serviços para a sociedade, para se fortalecerem como reguladores e indutores do processo de desenvolvimento nacional por meio de políticas governamentais compensatórias para determinados segmentos sociais e de políticas de cunho indicativo para o mercado.

> **Pense a respeito!**
>
> No primeiro momento, nas décadas de 1970 e 1980, as reformas passaram a perseguir as características do antigo modelo liberal de Estado, que possuía um aparelho estatal pequeno e que pouco intervinha nas atividades econômicas, cujas soluções adotadas centravam-se na redução do tamanho do aparelho de Estado com a extinção de órgãos e entidades públicas e na ênfase aos mecanismos de livre mercado, como os ideais para o funcionamento das economias. Esse ciclo de reformas do Estado é denominado *reformas de primeira geração*.

Com o aprofundamento da reflexão e do entendimento que se intensificou em todo mundo acerca da questão, ficou cada vez mais evidente que o caminho não estava simplesmente na redução do tamanho do Estado, ou seja, na extinção de órgãos, na demissão de funcionários públicos e na redução de sua intervenção ao mínimo nas atividades econômicas, como pregavam as reformas de primeira geração, mas, sim, na reconstrução do Estado para exercer novas e estratégicas funções. Esse ciclo de reformas é denominado reformas de segunda geração.

Essa corrente de pensamento, predominante nos dias de hoje, acredita que os objetivos de desenvolvimento das sociedades serão mais bem atendidos não pelo modelo liberal de um Estado menor, reduzido em seu papel, mas sim por um novo modelo de Estado que seja recuperado e redefinido em relação à sua capacidade de GOVERNANÇA.

No Brasil, as reformas que estão em curso, como veremos mais detalhadamente a seguir, ainda que avancem com muitas dificuldades e resistência, identificam essa necessidade no seu diagnóstico, expressa no Plano Diretor da Reforma do Estado de 1995, o qual apresenta como objetivos globais:

> Impactos positivos provocados sobre a realidade após o objetivo de um programa ser atingido.

> Aumentar a governança do Estado, ou seja, sua capacidade administrativa de governar com *efetividade* e eficiência, voltando à ação dos serviços do Estado para o atendimento dos cidadãos. Limitar a ação do Estado àquelas funções que lhe são próprias, reservando, em princípio, os serviços não exclusivos para a propriedade pública não estatal, e a produção de bens e serviços para o mercado para a iniciativa privada. Transferir da União para os estados e municípios as ações de caráter local: só em casos de emergência cabe a ação direta da União. Transferir parcialmente da União para os estados as ações de caráter regional, de forma a permitir uma maior parceria entre os estados e a União. (Brasil, 1995b, p. 45)

Outra questão importante é o grau de autonomia que as economias nacionais podem dispor no atual complexo e acelerado ambiente de mudanças que se verificam na economia globalizada. Se, por um lado, a globalização econômica é um processo histórico irreversível e inevitável por ser decorrente do natural avanço das ciências e da tecnologia, por outro, não se trata de uma situação na qual os Estados nacionais não disponham de nenhuma liberdade e que devam se limitar apenas a se ajustar passivamente às tendências impostas pelo sistema econômico globalizado. Pelo contrário, os Estados nacionais devem procurar, por meio do aumento de sua capacidade de governança, trilhar caminhos próprios que lhes permitam se inserirem no processo de globalização de uma forma adequada e/ou vantajosa.

Nesse contexto, é fundamental na atualidade a valorização das demandas sociais regionais e locais através de maior atenção do Estado a esses interesses, visando a induzir o desenvolvimento regional e local como um natural contraponto ao processo econômico globalizante.

As reformas na América Latina e no Brasil

No Brasil e nos demais países em desenvolvimento, o tema da reforma do Estado adquire especial importância, tendo em vista que, historicamente, este participa com grande presença na economia e com grande número de empresas públicas envolvidas diretamente na produção e na oferta de vários bens e serviços.

Segundo Bresser Pereira (1998b), no Brasil, a crise do Estado somente se tornou clara a partir da segunda metade da década de 1980. Suas manifestações mais evidentes foram a crise fiscal e o esgotamento da estratégia de desenvolvimento nacional calcada em políticas de indução à substituição de importações com consequente estímulo à produção interna de bens até então importados.

◆ os Estados nacionais devem procurar, por meio do aumento de sua capacidade de governança, trilhar caminhos próprios que lhes permitam se inserir no processo de globalização de uma forma adequada e/ou vantajosa. ◆

A "crise do Estado" (1970-1980) é diagnosticada por Bresser Pereira com três componentes principais: a) fiscal, que diz respeito ao desequilíbrio das finanças públicas; b) o modo como o Estado intervém na economia, que se relaciona ao fato de os Estados estarem desviados de suas funções mais essenciais e continuarem a ter forte presença em atividades nas quais sua participação não é tão necessária, como no caso da produção de certos bens e serviços; e c) terceiro, e talvez mais importante dos componentes, a forma como o Estado é administrado, o que o torna fortemente capturado por interesses privados. No Quadro 1.1 podemos ver os componentes da crise, seus efeitos e disfunções e as soluções preconizadas.

✦ No Brasil, a crise do Estado somente se tornou clara a partir da segunda metade da década de 1980.

✦ Assim como ocorreu no Leste Europeu com o fim do socialismo na União Soviética, a crise econômica mundial provocou na América Latina uma crescente pressão social

✦ por mudanças e um intenso processo de redemocratização foi deflagrado nesses países a partir dos anos 1980. Entre 1980 e 1997, o número de governos locais que passaram a ter os seus representantes eleitos diretamente pela população aumentou de 3 mil para 13 mil, segundo dados do Banco Mundial (Word Bank, 1997).

No Brasil, a promulgação da nova Constituição, em 1988, insere-se no contexto de mudanças e de redemocratização, e o país passa a ter, desde então, o **Estado democrático de direito** como modelo, em moldes semelhantes aos dos principais países democráticos do mundo.

Conforme José Afonso da Silva (2005, p. 108), o conceito de Estado democrático assenta-se "no princípio da soberania popular, que impõe a participação efetiva e operante do povo na coisa pública". Ele tem como

> Resulta da união dos conceitos de "Estado de Direito" (fundamenta-se no princípio da soberania popular que impõe a participação do povo na coisa pública) e "Estado Democrático" (fundamenta-se no princípio de garantia dos direitos fundamentais da pessoa humana).

características a submissão ao império da lei, a divisão de poderes, a garantia dos direitos individuais e a realização da justiça social.

Quadro 1.1 – A crise do modelo de Estado e seus componentes

Componentes da crise do Estado	Efeitos característicos	Disfunções produzidas	Soluções preconizadas
1. Crise fiscal	Perda de crédito público; elevada dívida pública; poupança pública negativa; indisciplina fiscal decorrente de populismo.	Queda da capacidade de investimento em políticas públicas; instabilidade da moeda; queda do investimento privado externo e interno.	Ajuste fiscal.
2. Crise da forma como intervém na economia	Excessiva ou desnecessária participação em atividades de mercado, dado o modelo protecionista de substituição de importações já ter se esgotado; existência de graves deficiências na execução de atividades e serviços exclusivos de Estado.	Desequilíbrio dos preços relativos da economia; queda de competitividade no mercado internacional; oferta insuficiente e inadequada dos serviços públicos básicos.	Liberalizar o comércio; privatizar; publicizar; desregulamentar; reduzir o Estado nas suas funções de produtor de bens e serviços; fortalecer a participação do Estado no financiamento de atividades nas quais externalidades ou direitos humanos básicos estejam envolvidos; promover a competitividade internacional das indústrias locais no mercado globalizado.

(continua)

(Quadro 1.1 – conclusão)

3. Crise da forma como é administrado	Encontra-se capturado por interesses privados, burocracia com baixa ou nenhuma qualificação.	Clientelismo, fisiologismo, nepotismo, empreguismo, elevado, *rent-seeking*, governança e governabilidade precárias.	Reforma administrativa visando reconstruir o aparelho de Estado para recuperar sua capacidade de governabilidade e de governança. proteção da *res* pública contra sua "privatização" por parte de interesses privados e contra outras atividades de *rent-seeking*.

Fonte: Adaptado de Bresser Pereira, 1995a.

Segundo esse mesmo autor, o Estado democrático de direito inaugure uma sociedade de efetiva incorporação de todo o povo nas decisões e de sua participação na produção social. Nessa nova sociedade, a tarefa essencial é "superar as desigualdades sociais e regionais e instaurar um regime democrático que realize a justiça social" (Silva, 2005, p. 108).

> **Pense a respeito!**
> Sob a égide do Estado democrático de direito foi introduzido um novo modelo de **administração pública** e de instrumentos legais para disciplinar a formulação e a gestão das políticas públicas nas três esferas de governo no Brasil.

Essa expressão pode ser usada em dois sentidos: em letra maiúscula, expressa a estrutura organizacional do Estado; em letra minúscula, identifica a atividade administrativa no desempenho dos serviços públicos. A Administração Pública compreende todos os órgãos que constituem os poderes Legislativo, Executivo e Judiciário. No exercício das funções que lhe cabe, de execução das políticas públicas fixadas pelo Governo, a Administração Pública pratica atos de natureza executiva (atos típicos de gestão), legislativa (expedição de normas e decretos regulamentares) e judiciais (produzindo decisões administrativas).

No entanto, vemos que a regulamentação de um grande número de matérias relacionadas à administração pública e à formulação e gestão das políticas públicas em particular foi deixada na Constituição promulgada em 1988 (Brasil, 1988) para regulamentação por leis complementares. Tais leis, muito vagarosamente, vêm sendo construídas, sendo que algumas delas até agora não foram elaboradas. É o caso da Lei Complementar prevista no parágrafo 9º do art. 165 da Constituição Federal (Brasil, 1988), para disciplinar de forma definitiva a aplicação dos instrumentos constitucionais de gestão das políticas públicas no Brasil: o Plano Plurianual (PPA), a Lei de Diretriz Orçamentária (LDO) e a Lei Orçamentária Anual (LOA).

Esses instrumentos legais, fundamentais para disciplinar a aplicação dos recursos públicos pelos governantes, por completa falta de interesse político, permaneceram, entre 1988 e 1998, ou seja, durante mais de uma década, sem regulamentação alguma. Conforme Ronaldo Coutinho Garcia (2000, p. 19),

> Não se concebe a execução do plano e dos orçamentos como instrumentos de gestão estratégica; não são feitas análises e avaliações das políticas; não se trabalha com prioridades; e não se buscam a integração e a convergência das ações. Por isso, não se enxergou a necessidade de organizar o planejamento governamental, como determinava a Constituição.

O acirramento da crise de governança (crise do Estado, conforme tratou Bresser Pereira) no país acabou por induzir, em 1997, o Poder Executivo a voltar a se preocupar com a questão e, em 14 de outubro de 1997, emitir a Portaria Interministerial nº 270, que constituía um grupo de trabalho com a missão de elaborar o projeto de Lei Complementar a que se refere o art. 165, parágrafo 9º da Constituição Federal.

Em 17 de dezembro de 1997, o grupo de trabalho concluiu um conjunto de propostas em que o planejamento é adequadamente colocado como um processo que deve obedecer a princípios técnicos e ter em vista o desenvolvimento econômico e social e a melhoria contínua das condições de vida da população.

Ainda que o conjunto das propostas decorrentes desse grupo de trabalho não tenha atingido completamente o objetivo pretendido, sabemos que ele acabou por contribuir decisivamente para avanços no processo. Em 1998, surgiu o Decreto Presidencial nº 2.829 e, em 1999, a Portaria nº 42 do então Ministério do Orçamento e Gestão (MOG), além de outras, para regulamentar, ainda que de forma provisória, o objeto da referida lei complementar.

Essa lei, para regulamentar de forma definitiva a elaboração e a gestão das políticas públicas no país, pelos instrumentos constitucionais PPA, LDO e LOAs, continua inexistindo, e as iniciativas visando tal objetivo continuam sofrendo resistência e/ou falta de vontade política.

1.3 *"Falhas" de governo*

Analisamos que o que tem sido denominado *falhas* de governo é essencial para o entendimento das dificuldades existentes, principalmente nos países em que as instituições democráticas ainda não são suficientemente sólidas, caso da maioria dos países em desenvolvimento, e para o necessário avanço na qualidade de suas políticas públicas.

> As "falhas" de governo inserem-se no âmbito da teoria da escolha pública, desenvolvida a partir da década de 1960, principalmente por James McGill Buchanan (1919-), que recebeu o Prêmio Nobel de Economia em 1986, e Gordon Tullock (1922-), que, juntos, publicaram *The calculus of consent* (1963), considerada por muitos a obra que deu origem à teoria da escolha pública.

Essa teoria sustenta que os atores políticos tomam decisões tendo em vista seus interesses pessoais. Em outras palavras, a opção pública está condicionada pelas preferências, pelos valores e pelos interesses pessoais de quem faz as escolhas em nome da coletividade, e dessa lógica decorre que as instituições de uma determinada sociedade têm o importante papel de impor controle sobre as escolhas dos atores políticos para que aconteçam respeitando o interesse da coletividade.

A partir dos anos 1970, a teoria econômica, que até então se preocupava essencialmente com a análise das falhas no mercado, passou a acrescentar a essa análise as falhas de governo, que compreendem determinantes e efeitos da atuação dos governos na economia e na sociedade. Entre elas encontramos:

a. Decisões temporais

Essas decisões tratam dos CONFLITOS ENTRE OS INTERESSES de curto prazo dos políticos e os interesses de médio ou de longo prazo da sociedade. Não raras vezes, temos conhecimento de que as decisões dos governantes, condicionadas pelo objetivo de permanência no poder e, consequentemente, pelos próximos resultados eleitorais, conflitam com objetivos de maior prazo da sociedade. Um exemplo é quando o objetivo de ter a oferta de um determinado serviço público com qualidade pode ser colocado em risco pela decisão política de não permitir um necessário aumento de *tarifas* em período pré-eleitoral, comprometendo, assim, a saúde financeira da empresa pública responsável pelo serviço. Isso implica na transferência de impactos negativos de decisões não racionais tomadas no presente para o médio e o longo prazos, o que demonstra também que os dois objetivos que movem o discurso e a ação dos decisores políticos, o bem-estar coletivo e a continuidade no poder não são sempre equivalentes.

> Preço que remunera a atividade estatal desenvolvida sob o regime jurídico de direito privado, voltada ao atendimento de um interesse público.

b. Falta de integração entre as programações das esferas de governo

Sabemos que os problemas sociais se manifestam necessariamente no território para qualquer uma das três esferas governamentais – União, estados (Distrito Federal) e municípios –, por isso deveriam ser os mesmos em termos de diagnóstico e de prioridade para enfrentamento. Um problema como, por exemplo, a alta taxa de mortalidade infantil em um determinado município deveria receber de qualquer uma das três esferas de governo a mesma atenção no que se refere às políticas públicas que são executadas no mesmo município. A INEXISTÊNCIA DE UM ADEQUADO ALINHAMENTO entre os objetivos das programações das três esferas governamentais IMPEDE A APROPRIAÇÃO DA SINERGIA que seria resultante dos esforços cooperativos e articulados no tratamento dos problemas sociais.

c. Conflito entre a sustentabilidade econômica-ambiental futura e o presente imediato

Essa "falha", que está intimamente relacionada à da dimensão temporal das decisões, pois também implica em transferência de impactos negativos de decisões não racionais tomadas no presente para o médio e o longo prazo, é talvez a mais grave em relação à sustentabilidade econômica e ambiental das sociedades. Diz respeito às decisões oportunistas e/ou de interesse imediato que produzem benefícios instantâneos ou aparentes à sociedade à conta de um custo desproporcionalmente alto a ser pago a médio e/ou longos prazo, muitas vezes recaindo sobre as futuras gerações. Nesse caso, encontramos principalmente os financiamentos de médio e longo prazos tomados, muitas vezes, a elevadas taxas de juros para programas ou ações governamentais que claramente não têm suficiente retorno econômico e/ou social para justificar os empréstimos assumidos. Temos como exemplo os financiamentos tomados para a construção de obras públicas suntuosas, desnecessárias e/ou de baixa prioridade em relação a outros problemas sociais. Ainda nessa "falha" estão os programas e ações governamentais que não incorporam a sustentabilidade ambiental.

d. Superposição de ações governamentais

Essa "falha" é provavelmente uma das maiores responsáveis pelo desperdício de recursos públicos em países em desenvolvimento como o Brasil. Trata-se do fato de não haver adequada integração entre as programações governamentais, tanto internamente, em cada uma das esferas de governo (União, estados e municípios), quanto entre as referidas esferas governamentais (esta em decorrência também da falha tratada no item B. Um exemplo é o levantamento realizado pelo Ministério do Planejamento, Orçamento e Gestão que constatou que, somente no nível da programação da União, no Plano Plurianual 2000-2003, existiam 11 programas em seis ministérios diferentes tratando do mesmo problema social representado pela violência entre os jovens. Esses programas "não conversavam" nem apresentavam qualquer articulação entre si (Brasil, 2002).

Se a essa superposição, constatada somente no âmbito da programação de uma das esferas governamentais (a União), agregarmos as superposições, que naturalmente deveriam existir entre as programações das secretarias de governo (no âmbito da esfera estadual) e entre as programações das secretarias municipais (no âmbito da esfera municipal), é possível inferir a gravidade da situação. Afinal, o público objeto das ações, nesse caso, é sempre o mesmo: jovens que residem nos municípios.

e. Falta de foco das programações

Essa "falha" decorre da dificuldade com que os decisores políticos responsáveis pelas programações têm de priorizar os problemas ou as demandas que surgem. Dado o fato de os recursos existentes em qualquer esfera de governo serem naturalmente escassos diante da quantidade de demandas e/ou de problemas sociais, é necessário quase sempre deixar de resolver alguns problemas e/ou atender a algumas demandas para dar assistência adequada a outros problemas/demandas mais importantes ou prioritários.

No entanto, em vez de priorizar e, consequentemente, serem obrigados a dizer "não" a algumas das demandas (solicitações de atores sociais), a tendência das decisões norteadas pela racionalidade estritamente política é abrir um grande número de "frentes" de atuação no âmbito de uma pasta governamental (ministério ou secretaria) para buscar atender imperfeitamente, de forma inconclusa ou, muitas vezes, sem resultados, a todas as demandas.

f. Conflito de representatividade nas decisões de alocação de recursos setoriais

Esse conflito acontece pelo do fato de A MAIORIA DOS RESPONSÁVEIS pelos ministérios e pelas secretarias estaduais e municipais SEREM REPRESENTANTES POLÍTICOS DE TERRITÓRIOS (estados, regiões, municípios, bairros, comunidades) que tendem a ser privilegiados nas suas decisões de alocação dos recursos em detrimento dos demais territórios que deveriam ter o mesmo grau de atenção devido à função que o decisor exerce no cargo que ocupa, que, inclusive, implica "governar para todos".

Em virtude da tendência de os decisores "privilegiarem", nas suas decisões de alocação de recursos, as suas "bases políticas", frequentemente verificamos que há territórios com "excesso" de recursos alocados em um determinado setor (na saúde, na educação ou em rodovias, por exemplo) e "falta" de recursos em outros setores.

g. Uso inapropriado de critério político em certas escolhas

Frequentemente, essa "FALHA" impõe grandes danos e/ou prejuízos ao conjunto da sociedade e diz respeito às situações que requerem a utilização de outros critérios que não o político para as escolhas e as decisões.

É o caso do preenchimento de determinados cargos e funções na administração pública em geral e nas empresas públicas em particular por pessoas que não possuem o perfil profissional requerido. Assim, ao contrário do que ocorre em organizações e empresas não públicas, que buscam os mais qualificados profissionais para geri-las como a condição mais importante para seu desempenho e para a sua própria existência, as empresas públicas tendem a ter desempenhos comprometidos pela fragilidade técnica de seus gestores.

Uma agência reguladora de serviço público, por exemplo, requer, pela missão que desempenha na sociedade, que cada um dos membros que compõe sua presidência e suas diversas diretorias tenha um perfil específico para o desempenho da função. Esse perfil encontra-se minuciosamente detalhado na lei que a cria.

Cabe ao Poder Legislativo sabatinar e aprovar as indicações encaminhadas pelo chefe do Poder Executivo para o preenchimento dos cargos dessas <u>**agências reguladoras**</u> de serviços públicos. Esse Poder deve analisar rigorosamente se os indicados se enquadram nos perfis técnicos requeridos, o que frequentemente não ocorre, influenciando as escolhas, que acabam acontecendo pelo viés político.

> Entes de direito público que, no Brasil, vêm sendo constituídos na forma de autarquias especiais, estruturados de maneira a possuírem autonomias técnica, administrativa e financeira e imparcialidade nas suas decisões, para que possam mediar, simultaneamente, os interesses do governo, da iniciativa privada e da população e/ou consumidores. As agências reguladoras surgiram no Brasil principalmente com a finalidade de, por um lado, incentivar a participação de capitais privados em serviços públicos (exercendo o papel de controle para assegurar o equilíbrio econômico dos contratos) e, por outro, garantir, ao mesmo tempo, a universalização e a qualidade desses serviços. Podem ser federais, estaduais ou municipais.

Esse é um exemplo em que a não observância do critério técnico na escolha deixará a sociedade à mercê de decisões que poderão determinar até mesmo "catástrofes", como no caso de regulação e da normatização dos serviços públicos de alto risco (energia elétrica, gás canalizado, transporte aéreo, entre outros).

h. Atendimento a interesses ilegítimos

Provavelmente, é O MAIOR DOS PROBLEMAS EXISTENTES nos Estados de democracia recente, em que a maior dificuldade é os cidadãos induzirem os seus representantes políticos a não perseguirem interesses

> São todas as pessoas físicas que prestam serviços ao Estado e às pessoas jurídicas da administração indireta. São quatro as categorias de agentes públicos: agentes políticos, servidores públicos, militares e particulares em colaboração com o Poder Público.

> Acontece quando uma atividade econômica desenvolvida por um agente gera um custo (externalidade negativa) ou um benefício (externalidade positiva) para outrem. As externalidades ocorrem quando o bem-estar de um agente econômico (empresas ou consumidores) é diretamente afetado pelas ações de terceiros.

individuais em aliança com outros **_agentes públicos_** ou com grupos de interesse particulares, e sim os interesses e as demandas da sociedade.

Essa falha trata das influências indevidas em decisões de Estado, como, por exemplo, as de localização de obras de infraestrutura, visando à apropriação, por agentes ou organizações, de benefícios diretos ou dos benefícios gerados pelas **_externalidades_** previsíveis de determinadas políticas públicas. São exemplos as desapropriações que beneficiam os proprietários interessados em se desfazer de imóvel, a implementação de determinadas obras de infraestrutura com o propósito de gerar certas externalidades no seu entorno, como a valorização imobiliária, entre outros casos.

i. *Desvio das funções essenciais de Estado*

Aborda a escolha de determinadas políticas públicas que são implementadas em detrimento de políticas mais essenciais relacionadas às funções essenciais de Estado. É decorrente da fragilidade técnico-institucional do Estado, o que o submete a eventuais decisões arbitrárias de dirigentes e/ou a decisões influenciadas por interesses socialmente inadequados. Como exemplo desse desvio temos a escolha de políticas públicas desnecessárias ou de baixo grau de prioridade em relação às atividades essenciais (saúde, segurança, políticas sociais, entre outras), caso de determinadas políticas no campo do desenvolvimento e do fomento econômico.

Vale esclarecermos que uma determinada política pública que se formou e foi implementada pode até ser legítima do ponto de vista do jogo democrático, uma vez que os atores sociais nela interessados fizeram valer seu poder de pressão no processo. Isso não significa, no entanto, que ela se enquadre necessariamente na agenda política prioritária que o governo assumiu com a maioria da população para ser eleito, tampouco nos princípios constitucionais mais abrangentes que devem ser observados pelas políticas públicas.

É importante ressaltarmos que o papel do governo nas sociedades democráticas não é aceitar passivamente as pressões resultantes do jogo social nem de se alinhar passivamente a elas. O Estado permanece como o responsável por mediar os interesses dos diversos atores sociais e para arbitrar decisões que atendam aos interesses da maioria da população, principalmente dos seus segmentos mais carentes.

j. *Conflito entre racionalidade e compromisso nas decisões*

As decisões dos administradores políticos levam a atender fundamentalmente aos critérios de compromisso, não correspondendo estritamente a critérios de racionalidade. Por exemplo, a decisão de executar uma determinada obra não é tomada estritamente em função da relação custo-benefício que apresenta para a sociedade (critério da racionalidade), mas sim em razão de um compromisso de campanha assumido com uma ou mais pessoas interessadas na construção da obra referida (critério do compromisso), ainda que esta possa apresentar uma relação custo-benefício muito baixa.

k. *Conflito entre os interesses corporativos de órgãos do governo e os interesses da sociedade*

Essa é uma "falha" que podemos verificada em estudos realizados por instituições multilaterais de cooperação, que constataram que do total dos empréstimos concedidos aos países em desenvolvimento apenas uma pequena parte chega na forma de bens ou de serviços diretamente aos beneficiários em nome dos quais os empréstimos eram tomados pelos governos. A parte mais significativa ficava no âmbito dos próprios órgãos governamentais na forma de investimentos em prédios próprios, veículos, equipamentos etc. A correção dessa "falha", que passa por uma maior conscientização dos dirigentes públicos, dos órgãos de controle social e da própria sociedade, torna-se fundamental, pois os governos existem para resolver os problemas e atender às demandas que estão "lá fora", na sociedade, e não aos interesses corporativos dos órgãos que fazem parte do governo.

l. Resistência do sistema institucional governamental aos ajustes requeridos pela realidade socioeconômica

Outra "falha" que percebemos em muitos países é o INAPROPRIADO DESENHO DO ESTADO NAS DIFERENTES ESFERAS DE GOVERNO. O desenho institucional prevalecente ainda é o mesmo de décadas atrás, resultante de um momento histórico em que o Estado exercia um papel diferente daquele que hoje a sua sociedade requer. Assim, a mesma estrutura do modelo de Estado interventor e desenvolvimentista requerido no pós-guerra não se alterou, pelo contrário, a ela foram sendo agregadas novas estruturas e órgãos nas últimas décadas. As instituições que não têm mais papel a exercer no Estado atual continuam existindo e onerando a sociedade. Em regra, esse ultrapassado desenho institucional ainda reflete a visão da realidade composta por um conjunto de setores: a agricultura, a educação, a saúde, a segurança etc. Esse desenho e a forma de se elaborar e implementar políticas dele decorrentes ainda se encontram fortemente encravadas na cultura político-administrativa brasileira e têm sido um obstáculo para os avanços necessários na gestão das políticas públicas. É importante destacarmos que, ainda que sejam legítimos, entes estatais que sejam desnecessários ou ineficientes podem e devem ser eliminados.

Essas falhas de governo citadas são alguns dos obstáculos que impedem uma maior qualidade nas políticas públicas. No entanto, a principal "falha" de governo na atualidade, principalmente nos países não desenvolvidos e nos países em desenvolvimento, nos quais a democracia ainda é insipiente ou está em fase de construção e consolidação, é a captura do Estado por grupos de interesses ou **_coalizões distributivas_**, visando à prática de atividades de _rent-seeking_. Considera-se também que a maioria das "falhas de governo" anteriormente referidas está, direta ou indiretamente, relacionada a essa "falha" principal, que será abordada a seguir.

Captura do Estado e "rent-seeking"

Entendemos por *rent-seeking* o comportamento predatório por parte dos indivíduos ou de coalizões distributivas que têm como objetivo extrair parte do <u>excedente social</u> em benefício próprio (Tollison, 1982).

> É a quantidade de riqueza gerada nas atividades econômicas, além da mínima necessária para a produção, ou seja, é o excedente de produção sobre o consumo mínimo necessário para produzir.

Rent-seeking, ou "busca de rendas", é a obtenção de renda ou de vantagens econômicas que não derivam do livre jogo do mercado, geralmente fruto de uso indevido do Estado. Indivíduos e grupos de interesse se aproveitam indevidamente dos recursos que pertencem a toda a sociedade, sonegando impostos, fraudando licitações, obtendo subsídios injustificados, recebendo vencimentos desproporcionais ao serviço prestado ou aferindo aposentadorias ou pensões que não guardam correspondência com as contribuições realizadas(Bresser Pereira, 1990).

Já as COALIZÕES DISTRIBUTIVAS são grupos de interesses que se organizam para fazer uso diferenciado dos <u>bens públicos</u>, a favor dos seus membros, e para repartir o custo com o restante da sociedade.

> Consideram-se bens públicos os bens (tangíveis e intangíveis) ou os serviços que afetam ou interessam a todos ou à maioria ou, ainda, que são tornados acessíveis à maioria, em oposição ao privado, que é destinado a um só ou a poucos. Esse conceito de bens públicos abrange uma vasta gama de coisas tangíveis e de valores coletivos intangíveis, tais como as políticas públicas e as instituições nacionais.

> É um conceito que se relaciona ao fato de os bens públicos ou coletivos estarem sujeitos a grupos organizados que se beneficiam indevidamente desses bens e repartem os custos com a sociedade. São também denominados grupos de pressão, que defendem interesses próprios e que atuam sobre os órgãos do Estado para obter benefícios ilegítimos ou privilégios. Esses grupos se infiltram nos partidos políticos, no aparelho de Estado e geralmente possuem poder econômico para realizar propaganda e mobilizar a opinião pública.

A captura do Estado diz respeito às situações em que este passa a confundir os interesses do conjunto da sociedade com os interesses particulares de indivíduos e/ou de grupos de interesses.

Consideramos a captura por grupos de interesses e o decorrente *rent-seeking* os maiores problemas enfrentados, principalmente pelos países em desenvolvimento, nos quais as instituições democráticas, por serem recentes, não são suficientemente sólidas (Hellman; Kaufmann, 2001).

◆ *Rent-seeking*, ou "busca de rendas", é a obtenção de renda ou de vantagens econômicas que não derivam do livre jogo do mercado, geralmente fruto de uso indevido do Estado. ◆

◆ O *rent-seeking*, conforme podemos ver em estudos realizados por diversos autores, entre eles Robert D. Tollison (1982), produz resultados danosos no funcionamento dos mercados e um perverso efeito sobre o bem-estar social, entre outros motivos, pelo fato de implicar a utilização de ◆ recursos econômicos, naturalmente escassos, principalmente nas economias menos desenvolvidas, em práticas que "transferem" rendas de setor(es) econômico(s) e/ou segmento(s) social(is) para outro(s), em vez de "gerá-las" na livre concorrência de mercado, em que o lucro é resultante dos incrementos de produtividade obtidos por inovações produtivas e/ou de processos que tendem a beneficiar o conjunto da economia e a sociedade.

> **Pense a respeito!**
> A atividade dos agentes econômicos na busca por lucro dentro das regras econômicas dos mercados concorrenciais torna-se socialmente benéfica porque a renda econômica obtida dessa forma gera externalidades positivas (incremento da produtividade no conjunto da economia, melhoria de processos produtivos, entre outras) que beneficiam todo o sistema econômico e social.

Para Ronaldo Fiani (1998, p. 20), "quando se dá através do funcionamento do sistema de preços, a busca de renda gera aumento do produto social, pois se traduz em busca de lucro na produção. Qualquer outra forma de busca de renda que não utilize o sistema de preços[*] é 'artificial' na medida em que não estimula a produção".

No caso da obtenção de renda por meio de mecanismos extramercados (*rent-seeking*), valendo-se de privilégios obtidos por decisões direcionadas de governo, não encontramos a correspondente geração de externalidades positivas, resultando, ainda, na redução do bem-estar social, pois a renda assim obtida é resultante, via de regra, da subtração de renda de outro(s) agente(s) ou grupo(s).

Um exemplo que pode nos mostrar claramente o *rent-seeking* é um serviço público, como o transporte coletivo, ser explorado de forma monopolista em razão de privilégios concedidos ao operador pelo Estado, em troca de financiamentos para campanhas eleitorais.

Percebemos uma significativa subtração de renda dos segmentos populacionais que usam esse serviço, uma vez que nas tarifas das passagens estão embutidos os custos dos financiamentos eleitorais que asseguram a exploração em condição monopolista. Ocorre ainda a subtração de um outro montante de renda em virtude de as passagens estarem carregando o que denominamos em economia de *custo de monopólio*, que é a diferença entre o custo da passagem em condição de exploração monopolista e o (menor) custo que existe em uma situação de livre concorrência.

Assim, a teoria do *rent-seeking* analisa os efeitos sobre o conjunto da sociedade da caça de benefícios por indivíduos ou por "grupos de interesse" que tentam conquistar privilégios e transferir renda de outros grupos para si por meio do Estado. Agentes privados se aproveitam de forma oportunista do governo para comandar rendas de outros setores da sociedade (como no caso de grupos de pressão que agem buscando

❖ ❖ ❖

* Processo de livre concorrência de mercado.

> Modalidade de benefício tributário que se caracteriza pelo perdão legal de multa tributária devida por certos contribuintes.

> Auxílio de caráter econômico na forma de benefícios indiretos concedidos pelo Governo a empresas para reduzir os componentes de seus custos. Um exemplo é a oferta de crédito a uma taxa de juros reduzida em relação às vigentes no mercado.

anistia fiscal ou de **créditos subsidiados**, entre outros) (Bresser Pereira, 1990).

A captura do Estado passou a ganhar destaque nas discussões em todo o mundo a partir dos trabalhos do cientista político Mancur Olson, da Universidade de Harvard (*The logic of collective action*, de 1965).

Olson tinha o objetivo de estudar os "grupos de interesse", caracterizados como associações que visam promover o interesse comum de seus membros. Com base na conjugação do conceito de "grupos de interesse" com outro utilizado por Olson em seu estudo – o de *rent-seeking* –, o Estado deixou de ser visto pela ciência econômica como uma entidade imparcial e essencialmente voltada para o bem público (Fiani, 1998).

> **Pense a respeito!**
> A atividade dos agentes econômicos na busca por lucro dentro das regras econômicas dos mercados concorrenciais torna-se socialmente benéfica porque a renda econômica obtida dessa forma gera externalidades positivas (incremento da produtividade no conjunto da economia, melhoria de processos produtivos, entre outras) que beneficiam todo o sistema econômico e social.

Com base nos estudos de Olson, a ciência econômica passou a incorporar em suas análises o fato de que governantes, legisladores ou funcionários responsáveis pela formulação, pela implantação ou pela fiscalização de normas reguladoras do Estado sobre a sociedade estarem sujeitos à corrupção ou a ser cooptados por grupos econômicos interessados em obter lucros fora das regras da livre concorrência ou de forma ilegal (Fiani, 1998).

Pela captura do Estado, os "grupos de interesse" podem influir na definição e na formulação das leis e das políticas públicas em troca de favorecimentos a governantes e/ou administradores públicos. A cooptação pode ocorrer por meio da destinação de verbas para campanhas eleitorais, da ameaça da retirada de apoio político, de subornos a parlamentares para compra de votos a determinadas leis, de subornos a administradores públicos para aprovação de normas ou decretos favoráveis a interesses concretos criados, de subornos a juízes para que influam em decisões dos tribunais etc. (Bresser Pereira, 1997).

Essa influência indevida sobre a **res pública** gera ganhos fáceis para certos grupos, em contraposição a graves danos para o funcionamento dos mercados e a um enorme e perverso custo social para o restante da sociedade.

> Coisa pública.

A TEORIA DA CAPTURA DO ESTADO discute, assim, as formas e as consequências para o conjunto da sociedade da "captura" das instituições públicas por "grupos de interesse".

Segundo Bresser Pereira (1998a, p. 24-25)

> O papel exercido pelo Estado na atualidade leva a um aumento considerável do grau de cobiça de indivíduos e grupos desejosos de submeter o Estado a seus interesses particulares. [...] Se no século XVIII compreendeu-se a importância de proteger o indivíduo contra um Estado oligárquico e no século XIX compreendeu-se a importância de proteger os pobres e os fracos dos ricos e poderosos, na segunda metade do século XX, [...] compreendeu-se a importância de proteger a *res* pública. [...] Se no século XVIII foram definidos os direitos civis e no XIX os direitos sociais, no final do século XX ficou clara a necessidade de se definir um terceiro tipo de direito, também básico – os direitos públicos: o direito de que gozam todos os cidadãos, de que o que é publico seja, de verdade, público, ou, em outras palavras, o direito de que a propriedade do Estado seja pública, i.é., de e

> para todos, não apropriada por uns poucos. [...] Direitos públicos são os direitos que nos asseguram que o patrimônio público, a *res* pública em sentido amplo, seja público – que seja de, e para, todos, em vez de ser objeto de *rent-seeking*, e de ser privatizada por grupos de interesses.

♦ Governo é a expressão política de comando, de fixação dos objetivos do Estado e de manutenção da ordem jurídica. ♦

♦ As noções relacionadas à captura do Estado e ao *rent-seeking* que vimos até aqui são fundamentais para entendermos claramente as dificuldades dos países em desenvolvimento ♦ – nos quais as instituições democráticas se consolidam com muitas dificuldades – no que se refere a avanços na qualidade da formação das suas políticas públicas.

O *rent-seeking* e as demais "falhas de governo" abordadas serão reduzidas à medida que o processo de democratização da sociedade evolua e as instituições envolvidas com o controle social e com a gestão das políticas públicas sejam aprimoradas.

A formação e a qualidade das políticas públicas nos países em desenvolvimento

Para entendermos as dificuldades enfrentadas pelos países de democracia recente em avançar na melhoria da qualidade de suas políticas públicas, é necessário situá-las em relação ao contexto no qual as políticas são formadas e executadas, o qual envolve o funcionamento e o papel do governo e da administração pública.

Governo é a expressão política de comando, de fixação dos objetivos do Estado e de manutenção da ordem jurídica. É a atividade política e discricionária* e tem conduta independente. À administração

♦ ♦ ♦

* No contexto desta obra, trata-se dos atos arbitrários que são inerentes ao Estado como regulador do funcionamento da economia e da sociedade.

pública cabe a execução das tarefas que os órgãos governamentais do Estado lhe confiarem. É atividade neutra, vinculada e tem conduta hierarquizada. Ela compreende o conjunto hierarquizado de órgãos e de poderes constitucionais. Pode ser entendida como o conjunto de funções necessárias à execução dos serviços públicos.

> À burocracia cabe garantir tanto aos cidadãos com mandatos quanto, e principalmente, ao conjunto da sociedade que todos os atos e as ações desses cidadãos atendam aos princípios constitucionais e legais.

Todos os atos da administração pública devem ter sempre como objetivo o interesse público, ou seja, o bem comum a coletividade administrada (Meirelles, 2004).

Mesmo na prática de atos que não encontrem regra específica no direito ou mesmo na prática de atos discricionários, a atividade administrativa deve necessariamente atender ao interesse geral e a ele estar vinculada (Franco Sobrinho, 1974).

A estrutura humana da máquina governamental

No modelo constitucional ideal dos Estados democráticos de direito, o governo é exercido por duas partes com papéis claramente demarcados: os cidadãos eleitos e com mandatos e a burocracia (o conjunto dos **_servidores públicos_**) – que adentra o serviço público por meio de concursos e que passa por um treinamento em escolas de governo para se tornar apta a exercer as suas funções. Esses servidores organizados em corpos ou em carreiras de Estado, permanentemente treinados, convenientemente remunerados e dotados de adequada autonomia, independência e espírito público, integram a administração pública.

> Pessoas físicas que prestam serviços ao Estado e às entidades da Administração Indireta com vínculo empregatício e mediante remuneração paga pelos cofres públicos. Compreendem os servidores estatutários, os empregados públicos e os servidores temporários.

A razão de a burocracia passar por um treinamento e/ou formação pelas escolas de governo decorre do fato de que uma pessoa, quando ingressa no Estado por meio de um concurso público, possui apenas uma parte da qualificação requerida para tais atividades (a formação escolar de nível médio ou superior com a qual realizou o concurso público).

A outra parte necessária da qualificação será obtida por meio de cursos e treinamentos oferecidos pelas escolas de governo: um policial, um fiscal e outros servidores das carreiras responsáveis por atividades exclusivas de Estado só estarão aptos para exercer o papel que lhes cabe após complementarem sua formação em escolas de governo.

A autonomia do Estado em relação aos interesses particulares ou de grupos deve ser assegurada à sociedade pela burocracia; esse é o papel mais importante dessa instituição no Estado democrático de direito. À burocracia cabe garantir tanto aos cidadãos com mandatos quanto, e principalmente, ao conjunto da sociedade que todos os atos e as ações desses cidadãos atendam aos princípios constitucionais e legais. É dever da burocracia, ainda, transformar os compromissos assumidos pelos governantes com a sociedade e as suas diretrizes em políticas públicas que atendam de forma simultânea a todos os princípios constitucionais que devem ser observados, para que elas produzam resultados efetivos para os problemas e para as demandas da sociedade. Deve, ainda, cooperar integralmente com os cidadãos que possuem mandatos na execução de suas *diretrizes* de políticas e nortear todas as suas ações pelos princípios constitucionais da legalidade, da legitimidade dos atos, do interesse público, da eficiência e da *eficácia* das tarefas que lhe são confiadas pelos detentores de mandatos.

> É a orientação que indica a forma ou a condição para se atingir determinado objetivo.

> Grau em que os objetivos e as metas físicas de um programa são atingidos.

Diferentemente do que vemos acontecer com as organizações privadas, nas quais "o proprietário" é quem determina a direção que quer para a sua empresa e pode, ainda, ao seu livre-arbítrio, contratar e despedir qualquer funcionário, no Estado democrático de direito, quem é permanente são os servidores públicos. Os eleitos e as demais pessoas com mandatos são substituídos periodicamente pela sociedade.

> **Pense a respeito!**
>
> É fundamental fazermos a distinção entre a natureza temporária, transitória, do governo (pessoas com mandatos eletivos e demais assessores nomeados com funções políticas) e a estabilidade requerida para o aparelho de Estado (pessoas civis e militares e órgãos e entidades que, em caráter permanente, compõem o setor público).

As prerrogativas do mandatário de adequar as atividades do Estado às diretrizes políticas, para as quais conseguiu apoio ao se eleger, não podem comprometer a essência das funções públicas, principalmente aquelas consideradas exclusivas ou indelegáveis, que precisam ser exercidas com profissionalismo e isenção.

Como vimos, a burocracia – entendida como o conjunto de servidores que adentram o Estado por meio de concursos públicos, organizados em carreiras de Estado, permanentemente treinados pelas escolas de governo e adequadamente remunerados para que possam ter a suficiente autonomia em relação ao desempenho de seus papéis constitucionais – é uma instituição imprescindível ao funcionamento do Estado democrático de direito por proporcionar as condições para que as decisões políticas dos que governam aconteçam fundamentalmente para atenderem ao interesse coletivo.

Nos países em que a democracia não está suficientemente consolidada e que apresentam alto grau de captura do Estado, caso de muitas nações em desenvolvimento, entre as quais o Brasil, a estabilização dessa instituição democrática representada por uma burocracia com as características referidas é extremamente dificultada em algumas áreas estratégicas do Estado, como as áreas responsáveis por formular e por avaliar as políticas públicas e pelo controle social.

Já em outras áreas do Estado, a organização dessa instituição burocrática tende a sofrer nenhuma ou pouca resistência e consegue se organizar rapidamente. Exemplo disso é a área responsável por fiscalizar e arrecadar **_tributos_**.

> Obrigação pecuniária, criada por lei, que não se constitui em sanção de alto ilícito cujo sujeito ativo é, em princípio, uma pessoa jurídica de direito público e cujo sujeito passivo é a pessoa física ou jurídica posta nessa situação pela vontade da lei. São espécies de tributo: imposto, taxa e contribuição de melhoria.

Na burocracia pública clássica – aquela identificada como **_administração pública burocrática_**, surgida na segunda metade do século XIX, na época do Estado liberal, para combater a corrupção e o nepotismo dos modelos patrimonialistas de Estado até então predominantes –, sempre houve uma noção muito precisa e muito sólida do seu papel em relação à defesa dos interesses da sociedade.

> Surgiu como forma de combater a corrupção e o nepotismo. Seus princípios são a profissionalização, a ideia de carreira, a hierarquia funcional, a impessoalidade e o formalismo e controles rígidos dos processos são enfatizados, como na admissão de pessoal, nas compras e no atendimento a demandas. A qualidade fundamental da administração pública burocrática é a efetividade no controle dos abusos; seu defeito, a ineficiência, a autorreferência, a incapacidade de se voltar para o serviço aos cidadãos, vistos como clientes. Essa administração tem sido substituída pelo enfoque da Administração Gerencial em determinados setores ou funções do Estado, como no caso dos serviços públicos.

A visão da burocracia lenta e emperrada é usada com frequência para, em nome da necessidade de obter "maior agilidade na máquina administrativa", propiciar a criação exacerbada de cargos comissionados e a sua ocupação por pessoas que, na maioria das situações, não possuem vínculo com o serviço público, exercendo determinadas atividades de Estado, como a formulação e a avaliação das políticas públicas, que, em última análise, significam a definição de como, onde e para quem os recursos orçamentários serão destinados.

> **Preste atenção!**
>
> Nas últimas décadas e na esteira da crise de Estado, em alguns países, distorções relacionadas ao grau de desempenho da burocracia pública levaram ao surgimento do estereótipo do burocrata ou da burocracia, visto como algo emperrado, que não funciona. Esse estereótipo de instituição que não funciona ou que funciona mal tem sido útil aos grupos de interesses ilegítimos, que capturam o Estado por colaborar para que certas reformas, como as já citadas, não avancem.

A decisão de alocação de recursos (definição, formulação e implementação das políticas públicas), em certos casos do Brasil, está sob responsabilidade única dos cidadãos eleitos e com mandatos (representados pelos eleitos e pelos assessores em cargos em comissão) e, em muitos casos, sem adequado suporte racional-legal. A sustentação para essa decisão deveria ser propiciada por servidores estatutários especializados e de carreiras exclusivas de Estado.

> ◆ Uma burocracia treinada, bem remunerada, com adequada independência, autonomia e portadora de "espírito público" é uma instituição imprescindível ao Estado democrático de direito. ◆

Uma burocracia treinada, bem remunerada, com adequada independência, autonomia e portadora de "espírito público" é uma instituição imprescindível ao Estado democrático de direito, principalmente nas suas áreas estratégicas representadas pelas áreas de formulação e de avaliação das políticas públicas e de controle social. Essa burocracia é necessária para assegurar à sociedade e aos próprios políticos que as decisões ocorram sempre orientadas para o interesse público e não sejam influenciadas ou determinadas por interesses ilegítimos, sejam de indivíduos ou de grupos de interesses.

No Quadro 1.2, a seguir, encontramos algumas das características que os Estados com alto grau de captura de suas instituições por grupos de interesses apresentam.

Quadro 1.2 – *Algumas características que diferenciam Estados democráticos de Estados que apresentam alto grau de captura*

Estados democráticos	Estados capturados
Existência de sistemas e procedimentos organizacionais que favoreçam o processo de *accountabillity*.	Inexistência de sistemas adequados de controle e/ou de acompanhamento que permitam a fiscalização e a avaliação da ação governamental pela sociedade.
Órgãos que realizam auditoria das contas públicas dotados de autonomia e imunes à captura política.	Órgãos responsáveis pela auditoria das contas públicas passíveis de fácil captura por políticos e/ou por grupos de interesse.
Burocracia tecnicamente competente, organizada em carreiras de Estado, adequadamente remunerada, com elevada conduta ética, motivada, ciente de seus papéis e dotada de adequada autonomia.	Burocracia fragilizada, mal remunerada, facilmente capturável por cargos comissionados e/ou pequenos privilégios, desmotivada, desatualizada tecnicamente, desconhecedora da ciência da administração pública e do próprio papel que deve exercer como servidor público.
Órgãos do núcleo estratégico do Estado responsáveis por formulação, acompanhamento e avaliação da efetividade das políticas públicas tecnicamente fortalecidos e dotados de adequada autonomia.	Órgãos do núcleo estratégico do Estado responsáveis pela formulação, acompanhamento e avaliação da efetividade das políticas públicas tecnicamente fragilizados e/ou inexistentes.
Ênfase no fortalecimento dos órgãos da administração direta formuladores das políticas públicas (sistemas de gestão, planejamento e orçamento).	Ênfase no fortalecimento dos órgãos e instituições da administração indireta executores das políticas definidas, tornando-os competentes apenas para implementá-las com agilidade.

Atualmente, percebemos no Brasil uma situação indesejável e bastante preocupante do ponto de vista do conceito de captura do Estado, e provavelmente passível de questionamento constitucional: é o fato de a maioria dos governos definir, formular, implementar, controlar e avaliar as suas políticas públicas "somente" por meio de **_agentes políticos_**. Em grande número de casos, isso ocorre sem um único servidor de carreira sequer e, em outros casos, com alguns poucos servidores de carreira, mas no papel de agentes políticos, ou seja, no exercício de cargos comissionados.

> São os componentes do governo nos seus primeiros escalões, investidos em cargos, funções, mandatos ou comissões, por nomeação, eleição, designação ou delegação para o exercício de atribuições constitucionais.

> **Preste atenção!**
> A formulação das políticas públicas, que é uma atividade exclusiva de Estado, vem sendo executada no âmbito do Poder Executivo de muitas das unidades federadas por pessoas que não pertencem aos quadros da administração pública e sem suficiente ou mesmo nenhuma capacitação técnica e/ou conhecimento dos requerimentos legais que disciplinam a elaboração e a execução dos planos e dos orçamentos no Brasil.

Essa situação, aliada ao fato de o controle social das políticas públicas ser ainda débil no Brasil, concorre contra a maior qualidade das políticas públicas no país.

O princípio da eficácia exigido pela Constituição Brasileira, que implica o controle dos resultados atingidos pelas políticas públicas em relação aos objetivos por elas perseguidos e diz respeito diretamente à qualidade das políticas públicas no país, não está plenamente incorporado pelos Tribunais de Contas* na sua atividade de controle externo do Poder Executivo.

Assim, em relação à organização da área do Estado responsável por formular e por avaliar as políticas públicas, provavelmente não é mera coincidência o fato de, no Brasil, a Lei Complementar à qual se refere o parágrafo 9º do art. 165 da Constituição Federal de 1988 até hoje não ter sido elaborada. O processo de discussão dessa lei já se estende por mais de 20 anos.

> **Pense a respeito!**
>
> Um dos principais pontos da Lei Complementar destinada a regular de forma definitiva a aplicação dos instrumentos legais da gestão das políticas públicas no Brasil (PPA, LDO e LOA), considerado fundamental, é a criação de uma carreira exclusiva de Estado para as atividades relacionadas à formulação, à gestão e à avaliação das políticas públicas como forma de fazer o necessário contraponto à predominância das decisões motivadas por compromissos, naturalmente inerente aos decisores investidos no papel de agentes políticos, bem como diminuir a maioria das demais "falhas" de governo, anteriormente abordadas nesta obra.

O controle social, que no Brasil é de responsabilidade constitucional mais direta dos Tribunais de Contas, apresenta-se ainda insuficientemente estruturado e capacitado.

Mesmo que alguns avanços tenham ocorrido nas últimas décadas em relação a um controle mais criterioso dos gastos públicos, essas instituições reconhecem que não estão suficientemente estruturadas e capacitadas para realizar outra forma de controle que vá além do requerido pelo princípio constitucional da eficiência, ou seja, a verificação se o gasto público foi realizado cumprindo-se as normas

♦ ♦ ♦

* Os Tribunais de Contas são órgãos do Poder Legislativo.

legais de licitação, da realização de prestação de contas, entre outras. O controle do princípio da eficácia, por exemplo, que implica a análise

> Expressão das quantidades físicas e financeiras de cada produto resultante da ação.

dos resultados obtidos, ou seja, a verificação se os objetivos e as **metas** preconizadas foram atingidos, não está ainda incorporado plenamente pelos Tri-bunais de Contas.

A administração pública, com a celeridade e a eficiência características da iniciativa privada e defendida por muitos como necessária para o Estado em todas as suas áreas, não é exatamente apropriada para áreas do Estado em que o essencial é a correção das decisões tomadas em termos de observância da **Constituição Nacional** e das leis, caso da área de formulação e de avaliação das políticas públicas no **núcleo estratégico**.

> Norma jurídica que, ao estruturar o Estado, cria a ordem jurídica. Lei básica do Estado da qual derivam as demais. Lei maior por ser formalmente superior às outras normas jurídicas, que lhe são hierarquicamente inferiores no sistema jurídico.

> É constituído de uma cúpula de dirigentes eleitos e de uma parte das carreiras exclusivas de Estado situadas no Núcleo Burocrático. Caracteriza-se pela prerrogativa de formular políticas públicas e situar-se na Administração Direta.

Outra forma de administração pública é a patrimonialista, uma característica do Estado colonial. O aparelho do Estado funciona como uma extensão do poder do soberano, e seus auxiliares, servidores, possuem status de nobreza real. Os cargos são considerados prebendas. A corrupção e o nepotismo são inerentes a esse tipo de administração.

A administração ágil e eficiente é, sim, fundamental nas áreas do Estado responsáveis pela produção e pela prestação de serviços públicos.

Conforme o Plano Diretor da Reforma do Estado(Brasil, 1995b, p. 42-43),

> existem [...] duas formas de administração pública relevantes: a administração pública burocrática e a <u>administração pública gerencial</u>. A primeira, embora sofrendo do excesso de formalismo e da ênfase no controle dos processos, tem como vantagens a segurança e a efetividade das decisões.
> [...]
> Nestes termos, no núcleo estratégico, em que o essencial é a correção das decisões tomadas e o princípio administrativo fundamental é o da efetividade, entendido como a capacidade de ver obedecidas e implementadas com segurança as decisões tomadas, é mais adequado que haja um misto de administração pública burocrática e gerencial.
> [...]
> No setor das atividades não exclusivas e de serviços competitivos ou não exclusivos, o importante é a qualidade e o custo dos serviços prestados aos cidadãos. O princípio correspondente é o da eficiência, ou seja, a busca de uma relação ótima entre qualidade e custo dos serviços colocados à disposição do público. Logo, a administração deve ser necessariamente gerencial.

Assim, é necessário isolarmos a área responsável pela formulação e pela avaliação das políticas públicas das ênfases relativas à administração gerencial e recolocá-la no âmbito adequado, que é o da administração burocrática, aumentando a segurança, tanto para a sociedade como para os próprios governantes, de que as suas decisões estejam rigorosamente dentro dos requerimentos constitucionais e legais. Somente assim podemos dar maiores garantia e segurança à sociedade de que as decisões tomadas pelos governantes e a efetividade destas sejam adequadas aos interesses mais amplos da sociedade.

> Emergiu como resposta, de um lado, à expansão das funções econômicas e sociais do Estado e, de outro, ao desenvolvimento tecnológico e à globalização da economia mundial, uma vez que ambos deixaram à mostra os problemas associados à adoção do modelo anterior. A eficiência da Administração Pública – a necessidade de reduzir custos e aumentar a qualidade dos serviços, tendo o cidadão como beneficiário – torna-se essencial. O crescimento da Administração Gerencial não significa a negação da Administração Burocrática, que continua sendo fundamental para determinadas funções do Estado.

Síntese

Neste capítulo conceituamos Estado e falamos sobre as reformas pelas quais ele passou. Tratamos do Estado keynesiano, o qual se caracterizava pela intervenção dos governos nos ambientes econômico e social; do Estado de bem-estar social e do modelo desenvolvimentista, que também tinham uma forte participação na economia dos seus respectivos países. Falamos das reformas feitas na América Latina e no Brasil e apontamos as principais falhas de governo.

Questão para reflexão

Comente sobre os instrumentos legais para a formulação e a gestão de políticas públicas no Brasil.

Questões para revisão

1. Assinale (V) para as proposições verdadeiras e (F) para as falsas:
    (   ) O Estado é uma organização burocrática que se diferencia essencialmente das demais por ser a única que dispõe de poder extroverso.

( ) O modelo denominado *Estado keynesiano* se caracterizava por forte presença e intervenção dos governos no ambiente econômico e social.

( ) A captura do Estado por grupos de interesses que interferem e manipulam as políticas públicas em seu próprio favor é considerada um dos maiores problemas dos países em desenvolvimento.

( ) A crise econômica mundial (1970) iniciada nos países desenvolvidos e que foi diagnosticada como uma "crise de Estado" não atingiu os países da América Latina.

( ) A crise de Estado (1970) somente atingiu os países mais desenvolvidos.

2. Com relação às políticas públicas, assinale a(s) alternativa(s) falsa(s):

   a. Os grupos de interesses que capturam o Estado interferem na formação, na formulação e na execução das políticas públicas.
   b. A Constituição Brasileira de 1988 regulamentou de forma definitiva o PPA, a LDO e a LOA, que são os instrumentos legais para a formulação e a gestão das políticas públicas no Brasil.
   c. A regulamentação dos instrumentos PPA, LDO e LOA foi remetida para a Lei Complementar, que até agora não foi elaborada.
   d. O conceito de dimensão temporal das decisões se insere no âmbito das denominadas falhas de governo e diz respeito ao fato de as decisões políticas estarem frequentemente orientadas por objetivos eleitorais de curto prazo.
   e. O art. 165 da Constituição de 1988 trata dos instrumentos PPA, LDO e LOA.

3. Assinale a alternativa falsa:
    a. O modelo denominado *Estado do bem-estar social* dos países capitalistas desenvolvidos, o modelo socialista no Leste Europeu e o modelo desenvolvimentista, sustentado por regimes militares na América Latina, embora possuindo regimes políticos diferentes, caracterizavam-se pela forte participação e intervenção dos seus governos nas respectivas economias.
    b. O processo de reforma do Estado tem apresentado como característica a tendência de fortalecimento das funções de regulação e de coordenação do Estado ao nível dos governos centrais e a descentralização vertical, para os estados e municípios, das funções executivas no campo da prestação de serviços sociais e de infraestrutura.
    c. Os Estados nacionais devem procurar, pelo aumento de sua capacidade de governança, trilhar caminhos próprios para se inserirem no processo de globalização de forma cada vez mais adequada e/ou vantajosa para si.
    d. Com a promulgação da Constituição em 1988, o Brasil passou a ter como modelo o Estado democrático de direito.
    e. O parágrafo 9º do art. 165 da Constituição de 1988 regulamenta de forma definitiva os instrumentos legais para a gestão das políticas públicas no Brasil: o PPA, a LDO e a LOA.

4. Escolha a alternativa que corresponde ao seguinte conceito: "Capacidade financeira, técnica e administrativa que um governo dispõe para transformar os compromissos políticos assumidos em políticas públicas que produzam os resultados pretendidos".
    a. Governança.
    b. Governabilidade.
    c. Democracia.
    d. Política social.
    e. *Rent-seeking.*

5. Assinale (F) para as afirmações falsas e (V) para as verdadeiras:
   (   ) Entre as chamadas *falhas de governo*, a superposição de ações governamentais entre as diferentes esferas de governo (União, estados e municípios) é uma das que ocorre com mais frequência.
   (   ) No âmbito da "falhas de governo", o conceito de decisões temporais refere-se aos conflitos que existem entre os interesses de curto prazo dos decisores políticos em razão do calendário eleitoral e os interesses de médio ou longo prazo da sociedade.
   (   ) O desvio das funções essenciais do Estado é a "falha de governo" que está relacionada à implementação de algumas políticas públicas em detrimento de outras políticas que são mais essenciais por estarem relacionadas às funções primordiais de Estado, caso da segurança, da saúde, da assistência social, da infraestrutura social básica, entre outras.
   (   ) *Rent-seeking*, ou "busca de rendas", significa a obtenção de rendas ou vantagens econômicas que não derivam do livre jogo do mercado e que geralmente são fruto do uso indevido do Estado. Indivíduos e grupos de interesse se aproveitam indevidamente dos recursos que pertencem a toda a sociedade, sonegando impostos, fraudando licitações, obtendo subsídios injustificados e recebendo vencimentos desproporcionais ao serviço prestado ou aferindo aposentadorias ou pensões que não guardam correspondência com as contribuições realizadas.
   (   ) Coalizões distributivas são grupos de interesses que se organizam para fazer uso diferenciado dos bens públicos a favor dos seus membros e repartir o custo com o restante da sociedade.

Questão comentada

No tocante à crise de Estado (iniciada nos anos 1970), assinale a(s) alternativa(s) falsa(s):
a. Tem um componente fiscal representado pelo elevado endividamento do setor público.
b. Tem um componente representado pela forma como o Estado intervém na economia.
c. Tem um componente representado pela forma como o Estado é administrado, apresentando práticas gerenciais superadas e captura das suas instituições por parte de grupos de interesse.
d. As chamadas *reformas de primeira geração*, originadas nos anos 1970 na Grã-bretanha, preconizavam o fortalecimento do papel do estados nacionais como propulsores do desenvolvimento econômico e social.
e. Os Estados na América Latina apresentam distorções em seu funcionamento.

Resposta : alternativa "d"

Comentário: as reformas de primeira geração deram ênfase à redução do Estado, tanto no que se refere ao seu tamanho quanto no tocante à sua participação nas atividades socioeconômicas. São as denominadas *reformas de segunda geração* que retomam a importância dos Estados nacionais como indutores e reguladores do desenvolvimento social e econômico.

✦ ✦ ✦

capítulo dois

As mudanças nas relações entre o Estado e a sociedade

Conteúdos do capítulo:

+ Intensificação do processo de descentralização político-administrativo;
+ Emergência do terceiro setor;
+ Surgimento das comunidades regionais.

Após o estudo deste capítulo, você será capaz de:

+ reconhecer as diferenças entre os modelos centralizados e descentralizados de Estado;
+ conhecer mais a respeito do terceiro setor;
+ saber mais sobre a globalização.

Vemos que profundas mudanças vêm ocorrendo na relação entre o Estado e a sociedade devido às transformações induzidas pelo processo de globalização econômica e pelo aumento da democratização das sociedades e dos seus reflexos sobre os processos de formação e de gestão das políticas públicas. Essas mudanças envolvem um intenso processo de descentralização político-administrativa do poder central para esferas governamentais e não governamentais mais próximas das populações.

No âmbito dessas mudanças, é significativo O CRESCIMENTO DO TERCEIRO SETOR E DA PARTICIPAÇÃO DAS ORGANIZAÇÕES QUE O COMPÕEM na execução de um amplo conjunto de tarefas que até então estavam a cargo do governo. O surgimento das comunidades regionais de interesses e o **desenvolvimento local** aparecem como outros efeitos marcantes da intensificação do processo de globalização.

2.1 A descentralização político-administrativa

Podemos enxergar a descentralização das políticas públicas como um ajuste institucional entre o Estado e a sociedade, o qual transfere à sociedade civil tantas funções e competências quanto lhe é possível absorver sem perda de bem-estar para a população. No Brasil, a Constituição de 1988 assegurou como princípio administrativo a descentralização da execução dos serviços sociais e de infraestrutura.

É um ajuste baseado no princípio político da subsidiariedade, que propõe que todo **ordenamento jurídico** deve proteger a autonomia

> É um conjunto de leis e regras, compreendido pela Constituição e pela legislação compatível e/ou dela decorrente, que normatiza o funcionamento de uma sociedade.

> É o processo de desenvolvimento que se caracteriza por ser endógeno, isto é, as organizações sociais do próprio local assumem a iniciativa e a coordenação do processo.

da pessoa humana nas estruturas sociais ou, ainda, que não se deve transferir a uma esfera de poder maior o que pode ser feito por uma esfera de poder menor. Implica a valorização das estruturas de poder local e das práticas participativas, tornando os cidadãos mais atuantes no processo político e no controle das atividades governamentais.

A descentralização, processo dinâmico de médio e longo prazo que permite aumentar a legitimidade dos sistemas políticos, pode, ainda, ser vista como a adequação e a modernização do aparelho de Estado às necessidades emergentes do desenvolvimento regional e local que deve otimizar os recursos financeiros, materiais e humanos disponíveis em benefício das populações e obter maior eficácia na ação governamental, tendo em vista que os problemas e as potencialidades de uma determinada região ou local são mais bem conhecidos pela própria região ou localidade.

A descentralização envolve tanto as instâncias político-institucionais como as administrativas e inclui o repasse integral de atividades e de atribuições de um nível central de governo a outro de menor hierarquia. Ela implica ainda o reconhecimento de outros organismos existentes ou que serão criados, assim como em suas atribuições completas para realizar funções antes reservadas ao nível central de governo – representado no Brasil pela União. Resulta, ainda, na autonomia jurídica, funcional e financeira dos órgãos que assumirão as funções transferidas (Banco Interamericano de Desarrollo, 2006).

Os principais argumentos que têm sido utilizados para a descentralização são: ela permite aumentar a governabilidade, contribui para o aumento da democracia, favorece a competitividade econômica na economia globalizada e propicia a preservação dos valores culturais e locais.

Relacionamos a seguir algumas razões citadas por Adolfo Rodriguez (1993):

a. descongestionar administrativamente o governo central;
b. melhorar a administração do Estado;
c. aproximar a administração pública do cidadão;

d. fortalecer outras instâncias do Estado;
e. limitar o poder do governo central;
f. legitimar o Estado;
g. envolver outros setores em tarefas a cargo do governo;
h. melhorar a atenção ao território;
i. facilitar o desenvolvimento regional equilibrado;
j. incorporar zonas ou regiões marginalizadas no processo de desenvolvimento;
k. neutralizar movimentos separatistas;
l. descongestionar as grandes cidades;
m. evitar as migrações para as grandes cidades;
n. neutralizar as pressões populares;
o. racionalizar os investimentos públicos;
p. privatizar funções que são exercidas pelo Estado.

Os ambientes democráticos da atualidade requerem mais organização das sociedades e menos hierarquia política e centralização administrativa. O crescente processo de descentralização que se verifica nos principais países, principalmente após os anos 1980, pode também ser visto como uma das possíveis soluções para a crise do modelo do Estado do bem-estar social que se abateu em todo o mundo a partir da década dos anos 1970, a qual já vimos no Capítulo 1.

Diferenças entre os modelos descentralizados e centralizados

A descentralização político-administrativa, conforme concluímos a partir das Cartas Constitucionais, entre elas da Constituição Brasileira de 1988, é inerente ao modelo de Estado democrático de direito e condição essencial para o aperfeiçoamento das instituições democráticas nessas sociedades. Assim, podemos listar as seguintes diferenças entre os modelos políticos centralizados e os Estados democráticos de direito, nas quais o poder político está adequadamente descentralizado:

a. Nos modelos descentralizados de Estado, AS POLÍTICAS PÚBLICAS SE CARACTERIZAM POR UM PADRÃO HORIZONTAL, isto é, são desenhadas e implementadas de acordo com as características específicas dos espaços geográficos, dos setores econômicos e/ou dos segmentos populacionais e em conformidade com suas diferentes demandas políticas e são implementadas na forma de apoio indireto e abrangente, visando a criação de oportunidades para iniciativas e empreendimentos locais. Já nos modelos centralizados, as políticas públicas se caracterizam por um padrão vertical, no qual as políticas são ditadas pelos governos centrais "de cima para baixo".
b. Nos modelos descentralizados, AS POLÍTICAS PÚBLICAS SÃO PACTUADAS E DEFINIDAS EM CONSENSO COM OS ATORES LOCAIS. Nos modelos centralizados, os agentes locais não são consultados e, consequentemente, as políticas não são pactuadas.
c. Os modelos descentralizados SE CARACTERIZAM PELA SELETIVIDADE DAS POLÍTICAS PÚBLICAS, isto é, elas são definidas segundo os diferentes perfis produtivos e vocacionais de cada local. Já os modelos centralizados se caracterizam por políticas públicas genéricas, isto é, supõe-se que sejam válidas para todo e qualquer território.
d. Nos modelos descentralizados, AS POLÍTICAS PÚBLICAS INCORPORAM A DIMENSÃO DA TERRITORIALIDADE, isto é, a economia nacional é pensada como um conjunto de economias territoriais, e não apenas como setores econômicos. Nos modelos centralizados, prevalece a visão setorial (uma economia formada por setores) para o planejamento nacional.

O êxito dos processos de descentralização das políticas públicas tende a depender diretamente do grau de participação da sociedade nos processos, dado que implica, em regra, a necessidade da sociedade que é objeto da descentralização assumir responsabilidades e papéis até então de incumbência de uma esfera de poder de nível superior.

Por isso, o enfoque tradicional do planejamento normativo, o qual estudaremos posteriormente, que considera a comunidade apenas como a beneficiária, deve ser superado. É necessário promover sua participação de forma ativa na formação, na elaboração e na gestão das políticas públicas governamentais destinadas à comunidade.

> **Preste atenção!** Para induzir o envolvimento da população beneficiária, é preciso que as políticas públicas tenham mecanismos para disseminar a informação para além daqueles que tomam as decisões, caso contrário, limita-se a qualidade da participação e gera-se uma atitude passiva nos envolvidos (Franco, 2003).

É necessária, ainda, a existência de mecanismos que operacionalizem as demandas e as prioridades das comunidades, refletindo o compromisso efetivo das unidades descentralizadas. Da mesma forma como é preciso fortalecer a organização social, também é fundamental adequar o Estado para incorporar os aportes gerados pela participação da sociedade (Franco, 2003).

Formas e níveis de descentralização

A análise das experiências permite identificar as formas e os níveis de descentralização. Conforme Sonia Barrios (1984), são eles:

a. DESCONCENTRAÇÃO ADMINISTRATIVA – É a delegação da oferta de certos bens ou serviços a estruturas governamentais fisicamente mais próximas dos beneficiários. Nesse caso, A UNIDADE OPERATIVA É APENAS UM "BRAÇO" DO ÓRGÃO QUE DESCONCENTRA DETERMINADO BEM OU SERVIÇO, PERMANECENDO A RESPONSABILIDADE COM O ÓRGÃO CENTRAL. É a distribuição de competências decisórias, de serviços, do interior de uma mesma pessoa jurídica. Os serviços e as competências decisórias são distribuídos entre diversos órgãos, permanecendo, contudo, como serviços e atividades de uma só pessoa jurídica.

A desconcentração é efetuada por lei. Na desconcentração geográfica ou territorial, distribuem-se competências decisórias e organismos locais, responsáveis pela resolução de questões que interessam a uma determinada área geográfica (ex.: Delegacias Regionais do Trabalho).

b. DELEGAÇÃO – Envolve a transferência de funções, da regulação e do controle. No Brasil, a delegação de serviços públicos pode ser feita por meio de concessão e de permissão. A transferência por meio de permissão é realizada por ato administrativo e tem caráter precário, podendo ser revista a qualquer momento pelo poder público que concede o serviço, enquanto a concessão é realizada por meio de contrato administrativo, geralmente por um extenso período de tempo. A concessão, segundo o art. 2º, inciso II, da Lei nº 8.987/1995 – Lei das Concessões

> [...]
> *é a delegação de sua prestação, feita pelo poder concedente do serviço público (União, Distrito Federal, estados ou municípios) mediante licitação, na modalidade de concorrência, à pessoa jurídica ou a consórcio de empresas que demonstre capacidade para seu desempenho, por sua conta e risco e por prazo determinado* [...]. (Brasil, 1995a)

c. DESCENTRALIZAÇÃO – É a devolução ou a mudança de competências para níveis descentralizados de poder. Na descentralização administrativa, transfere-se a gestão, mas não o poder de legislar sobre o serviço que permanece com a instância superior. É a transferência, mediante outorga ou delegação, de atividade de uma pessoa jurídica para outra pessoa jurídica. Por intermédio da outorga, uma pessoa jurídica transfere, por lei, para outra pessoa jurídica todos os poderes, os direitos, as obrigações e os deveres concernentes à atividade administrativa, tornando-a, portanto, titular dessa atividade. Por intermédio da delegação, uma pessoa jurídica transfere, por lei, para outra pessoa jurídica apenas o exercício da atividade administrativa, mantendo-se titular dessa atividade.

d. PRIVATIZAÇÃO – É o repasse da produção de certos bens ou serviços ao setor privado. A privatização somente é possível nos casos de empresas públicas produtoras de bens ou de serviços para o mercado, como siderúrgicas estatais, fábricas de veículos, mineradoras, entre outras. Não é possível *privatizar* os serviços públicos cuja responsabilidade constitucional por seu provimento seja do Estado, caso da energia elétrica, das telecomunicações, entre inúmeros outros serviços públicos. Nessa situação, o Estado pode delegar a prestação do serviço a uma empresa privada, no entanto, continua a ser o responsável pelo serviço perante a população.

e. AUTOGESTÃO E COGESTÃO – Implica a participação dos trabalhadores e/ou usuários nos processos de decisão no âmbito de uma empresa ou serviço público.

Como riscos implícitos na descentralização destacam-se:

- o perigo do exercício privado do poder municipal com procedimentos clientelistas entre as autoridades locais e a população, o que acaba por debilitar os aspectos democráticos da descentralização e reforçar a dominação da oligarquia local (Barrios, 1984);
- a fragilidade das respostas que a maioria dos municípios dá ao processo em função da debilidade das estruturas institucionais do local.

2.2 O terceiro setor

O terceiro setor COMPREENDE AS ORGANIZAÇÕES E AS INSTITUIÇÕES SEM FINS LUCRATIVOS E NÃO ESTATAIS com atuação voltada ao bem-estar social, isto é, direcionadas ao interesse público (SANCHES, 2004).

> Vale tratarmos aqui do termo *publicizar*, que é um neologismo de uso corrente que significa "tornar público". É a transformação de uma organização estatal em uma organização de direito privado, mas pública, não estatal. No contexto dos serviços e atividades exercidas pelo Estado, significa transferir a gestão de serviços ou atividades relacionadas ao ensino, à pesquisa científica, ao desenvolvimento tecnológico, à proteção e à preservação do meio ambiente, à cultura e à saúde para organizações sociais do terceiro setor – pessoas jurídicas de direito privado, sem fins lucrativos e que tenham sido previamente qualificadas, conforme a Lei nº 9.637/1998, que dispõe sobre a qualificação de entidades como organizações sociais no país (Brasil, 1998b)

A denominação *terceiro setor* decorre do fato de as organizações não pertencerem a nenhum dos dois setores tradicionais – público e privado. No primeiro setor (público), a origem e a destinação dos recursos são públicas, enquanto o segundo setor corresponde ao capital privado que visa ao lucro. As organizações do terceiro setor se diferenciam das do primeiro setor por não serem governamentais e das do segundo setor por não possuírem fins lucrativos. O terceiro setor é composto de um amplo conjunto de organizações e instituições nas quais estão inclusas as organizações não governamentais (ONGs), as fundações, os institutos empresariais, as associações comunitárias, as entidades assistenciais e as filantrópicas, além de outras entidades sem fins lucrativos (Sanches, 2004).

Então, de um modo geral, pode ser considerada como pertencente ao terceiro setor a entidade que não é parte de um governo e que não objetiva lucro, são entes da iniciativa privada com fins públicos.

> As organizações do terceiro setor se diferenciam das do primeiro setor por não serem governamentais e das do segundo setor por não possuírem fins lucrativos.

No entanto, não existe um consenso definitivo. Alguns julgam que toda a sociedade civil organizada compõe o terceiro setor; outros, que apenas as pessoas jurídicas de direito privado e sem fins lucrativos o integram; e, alguns outros, de uma forma ainda mais restritiva, julgam que, além de ser pessoa privada de direito público sem fins lucrativos, deve ser de interesse público e não estar restrita aos interesses dos associados, como nos sindicatos e nas cooperativas.

É necessário distinguirmos benefícios coletivos de benefícios públicos. Muitas organizações do terceiro setor visam a promover benefícios "coletivos" a um número muito reduzido de pessoas. Outras envolvem um número maior de pessoas, mas ainda assim os benefícios ficam restritos aos membros, como ocorre nas associações sindicais. As organizações do terceiro setor de caráter público, isto é, de benefícios públicos, são as que estão voltadas para o atendimento dos interesses gerais da sociedade.

As organizações que têm caráter público vêm sendo colocadas como representantes legítimas desses interesses e podem contribuir de forma efetiva para o processo de construção de capital social.

O terceiro setor possui um importante papel nos processos de descentralização político-administrativa e de desenvolvimento das sociedades atuais. Esse setor compreende um espaço de participação e de experimentação de novos modos de pensar e agir sobre a realidade social.

O surgimento do terceiro setor rompeu, nas sociedades capitalistas democráticas, a dicotomia entre o público e o privado, enriquecendo e tornando mais complexa a dinâmica nessas sociedades.

Com a crise do modelo do Estado do bem-estar social, as organizações do terceiro setor são importantes alternativas para suprir as deficiências do Estado no atendimento às necessidades dos cidadãos. Até porque está se tornando um consenso nas sociedades atuais que as organizações do terceiro setor podem ser bem mais eficientes do que o setor público para detectar problemas, descobrir potencialidades, criar soluções inovadoras e para mobilizar recursos.

Outro aspecto favorável do terceiro setor é as empresas privadas perceberem que o fator responsabilidade social passou a ser tão importante para as organizações quanto a qualidade, devido à crescente valorização dada pelo público aos produtos e aos serviços das empresas social e ecologicamente responsáveis. Assim, é cada vez maior o número de empresas privadas que criam ou apoiam entidades do terceiro setor envolvidas com a responsabilidade social.

Atualmente questiona-se a grande proliferação de ONGs sem que haja o correspondente controle social sobre elas, dando margem ao surgimento de diversos casos de denúncias de desvio de verbas públicas, de não cumprimento de padrões mínimos de qualidade nas parcerias com o setor público e até mesmo de organizações criadas para fins ilícitos. Tais situações devem ser eliminadas com o aumento da fiscalização por parte dos competentes órgãos constitucionais e não invalidam a importância do papel exercido pelas organizações do terceiro setor que, geralmente, envolve temas de grande interesse social, como a pobreza, a violência, a preservação do meio ambiente, a discriminação, entre outros (Sanches, 2004).

2.3 Globalização e desenvolvimento local

A globalização é percebida pela maioria dos principais pensadores da atualidade como um processo inexorável e inevitável e naturalmente decorrente do avanço da ciência e da tecnologia, principalmente no campo da informática, das telecomunicações e dos meios de transporte, que dissolvem as barreiras da distância entre países e suas comunidades, fazendo com que a economia do planeta funcione como uma unidade e em tempo real.

Nesse contexto, encontramos em consolidação em todo o mundo um novo paradigma de desenvolvimento, ajustado a esse ambiente cada vez mais globalizado, complexo e de economias abertas, e uma das transformações marcantes nesse novo paradigma é a alteração nas relações entre o Estado e a sociedade.

É necessário, entretanto, que o LOCAL disponha da competência necessária para identificar e explorar as oportunidades oferecidas pelo ambiente, pois, no processo de globalização econômica, se, por um lado, o local ou território encontra-se submetido a um ambiente externo, que é cada vez mais poderoso, competitivo e complexo, por outro, esse mesmo ambiente oferece ao local um número maior de oportunidades para o seu desenvolvimento e/ou a sua inserção vantajosa na economia globalizada, pois, agora, entre outras oportunidades, tem mais e melhores condições de acesso aos mercados globais.

> O tradicional padrão centralizado de formular e de operar políticas públicas, que era caracterizado pela verticalidade na relação Estado-sociedade, pela generalidade e pela segmentação espaciais, está dando lugar a um padrão descentralizado, caracterizado pela horizontalidade dessa relação, pela interação dos agentes envolvidos e pela seletividade espacial, pela integração e pela territorialidade das políticas públicas, ou seja, pelo tratamento diferenciado às especificidades existentes nos diferentes espaços geográficos. Assim, o processo tradicional de planejamento governamental vem sendo substituído pela gestão do desenvolvimento.

Do ponto de vista das relações econômicas e político-administrativas, o local passa cada vez mais a reproduzir a imagem do próprio sistema econômico global em escala reduzida e, crescentemente, também passa a ser integrado por instâncias próprias de controle, de poder e de estratégias.

No contexto de uma economia cada vez mais globalizada, a capacidade de competir se torna cada vez mais localizada, e o Estado contemporâneo se exercita cada vez mais no "local". Se antes o processo de desenvolvimento socioeconômico de uma cidade ou região era em grande medida dependente do padrão centralizado das políticas públicas e tinha o seu rumo determinado pelas decisões de políticas no âmbito das esferas federal e/ou estaduais de governo, atualmente, com a descentralização, o futuro de um local (comunidade, município, região) está cada vez mais dependente dos próprios atores locais (pessoas e instituições).

O processo de globalização econômica e as mudanças que estão ocorrendo na relação Estado-sociedade impõem cada vez mais aos municípios e às regiões a necessidade de realizarem a autogestão dos seus processos de desenvolvimento social e econômico. Nesse novo paradigma, percebemos que a articulação e a cooperação entre comunidades geográficas de interesses – países, cidades, regiões e localidades – também se apresenta como uma condição estratégica para a sua inserção vantajosa no processo global de desenvolvimento. É o que Pierre Lévy (1999) chama de *molecularização da sociedade*, outra face do processo de globalização. Na molecularização social, grupos de pessoas se unem em torno de interesses específicos, resultando na emergência de "comunidades de interesses", tanto do ponto de vista espacial (cidades/regiões) como de setores ou segmentos sociais e econômicos.

> Na molecularização social, grupos de pessoas se unem em torno de interesses específicos, resultando na emergência de "comunidades de interesses", tanto do ponto de vista espacial (cidades/regiões) como de setores ou segmentos sociais e econômicos.

Esse fenômeno da molecularização da sociedade pode ser visto, simultaneamente, como uma reação de DEFESA (como neutralizar os efeitos indesejáveis da globalização sobre as "comunidades de interesses") e de INSERÇÃO (como as comunidades devem agir para se inserir de forma vantajosa no processo de globalização) (Lévy, 1999).

Do ponto de vista das estratégias de desenvolvimento local, desconsiderando as diferenças estruturais que existem entre os países, as estratégias relacionadas ao desenvolvimento local têm se mostrado semelhantes, tanto nos países desenvolvidos como nos países em desenvolvimento.

Podemos depreender das políticas públicas que vêm sendo incentivadas pelas principais organizações multilaterais de cooperação, como o Banco Internacional para a Reconstrução e Desenvolvimento (Bird) e o Banco Interamericano para o Desenvolvimento (BID), e implementadas nas últimas décadas no Brasil e em outros países em desenvolvimento, o tema "desenvolvimento local" tem passado a integrar cada vez mais as agendas das instituições governamentais e não governamentais como uma alternativa para a adaptação das economias locais aos desafios e às novas perspectivas oferecidas pela globalização das economias.

Redes institucionais para o desenvolvimento local

O acirramento da competição na economia globalizada tende a reforçar a vocação econômica de regiões e de localidades que se especializam em certos setores produtivos, organizando redes institucionais cooperativas e dando origem a arranjos produtivos locais.

> **Preste atenção!**
> A cooperação entre as instituições locais e o aumento da interação entre elas gera conhecimento e melhores condições para adaptações ou redefinições das vocações locais ao ambiente externo.

Aspectos não econômicos também são passíveis de serem incorporados ao processo de desenvolvimento local, caso do provimento dos serviços públicos na área social e das atividades associativas em geral.

As socioeconomias baseadas na confiança social, na cultura de mútua ajuda, nas regras de reciprocidade, na cooperação entre seus membros e em sistemas de participação e de gestão pública compartilhada vêm se mostrando mais competitivas no ambiente atual, como demonstram diversas experiências no mundo, entre elas a da região Sul da Itália, estudada por Robert Putnam (1996) na sua obra *Comunidade e democracia: a experiência da Itália moderna*.

A ideia central é que a prosperidade social e econômica hoje, principalmente nos países em desenvolvimento, requer que as transformações das estruturas produtivas sejam acompanhadas de um processo intenso de formação de capital social.

CAPITAL SOCIAL é conceituado por Puntnam (1996, p. 177) como a constituição do conjunto de "características da organização social, como confiança, normas e sistemas, que contribuem para aumentar a eficiência da sociedade, facilitando as ações coordenadas".

O conceito de capital social trata da importância dos fatores de natureza cultural para o processo de desenvolvimento das comunidades. Além das outras formas de capital, como o físico, o financeiro, o humano e os recursos naturais, evidências crescentes mostram que esse tipo de capital também tem significativa importância para explicar as diferenças de desenvolvimento entre locais, regiões ou países.

Precisamos ressaltar que capital social é diferente de capital humano. O conceito de capital humano se refere ao grau de escolaridade, saúde e nível de preparo da população para o trabalho e para a produção, enquanto capital social se refere às instituições, aos relacionamentos e às normas que definem a intensidade e a qualidade das interações em uma sociedade. Não deve ser também confundido com a "quantidade" de instituições. Relaciona-se especificamente com a "qualidade" dessas instituições.

> **Pense a respeito!**
> No atual paradigma de desenvolvimento, é fundamental incentivar a formação de sociedades locais baseadas no conceito de capital social e em sistemas de participação, por se tratar de um meio que possibilita aumentar a competitividade de regiões, de municípios ou de comunidades com vistas a uma inserção vantajosa na economia globalizada.

Assim, a construção de uma estratégia de desenvolvimento local envolve, fundamentalmente, a cooperação dos atores estratégicos que participam do processo, tais como instituições de governo, entidades organizadas da sociedade civil, empresas privadas, instituições de ensino e pesquisa, entre outras. Essa cooperação pode ser institucionalizada, por exemplo, na forma de agências locais ou regionais para o desenvolvimento social e econômico.

Vale assinalarmos que uma estratégia de desenvolvimento econômico local não constitui uma intenção de recriar um projeto autárquico, pelo contrário, o que se deve buscar é melhorar as condições de respostas organizadas da sociedade local, ante as maiores exigências do contexto cada vez mais globalizado do mundo atual, consciente de que os desafios principais estão precisamente nas mudanças nas formas de produção e gestão empresarial. Essa nova estratégia – desde a base – vem adquirindo maior importância à medida que os processos de descentralização político-administrativos facilitaram o surgimento de novos governos locais, que foram incorporando às suas funções o desenho e execução de políticas para a gestão territorial (Albuquerque, 1997).

Conforme Albuquerque (1997), a orientação das políticas públicas nos últimos anos, visando ao desenvolvimento local, tem passado a priorizar: a introdução de inovações tecnológicas e organizacionais no sistema produtivo local; a sustentabilidade ambiental dos diferentes processos de transformação possíveis e a reversão da deterioração ambiental ocasionada pelo anterior estilo de crescimento desenvolvimentista; a identificação dos recursos potenciais endógenos e a problemática das micro, pequenas e médias empresas locais e da economia social, atividades que são fundamentais desde o ponto de vista da difusão do crescimento econômico, do emprego e da renda da comunidade local; o impulso de processos de descentralização e a assunção de competências de fomento econômico pelos governos locais; o alento da mobilização social e da assunção e mediação estratégica de agentes sociais para lograr um pacto social pelo desenvolvimento econômico local e a geração de emprego; a busca por maior coesão social no âmbito local.

Assim, o desenvolvimento local passa a ser uma estratégia que deve ser incorporada e incentivada pelos níveis mais centralizados do governo (União e estados) por meio de suas políticas públicas. Também é necessário que essas políticas públicas incorporem em suas estratégias o importante papel de reconhecer, de induzir à geração, de utilizar e de ampliar o estoque de capital social das regiões, das cidades e das localidades, como fator importante para o desenvolvimento.

Síntese

Vimos neste capítulo a descentralização político-administrativa, a qual consiste em um ajuste institucional entre o Estado e a sociedade, que acontece quando o Estado transfere para a sociedade civil tantas funções quanto for possível. Esse processo é dinâmico de médio e longo prazo. Estudamos as principais diferenças entre os modelos centralizados e os descentralizados, tais como: no modelo descentralizado, as políticas públicas possuem um padrão horizontal e participativo enquanto no modelo centralizado possui padrão vertical e a população pouco participa das escolhas. Falamos também neste capítulo sobre o terceiro setor, o qual compreende organizações e instituições sem fins lucrativos voltadas ao bem-estar social. Tratamos da diferença entre os setores. No primeiro, a origem e a destinação dos recursos são públicos; no segundo, o capital é privado e visa ao lucro. No terceiro setor as organizações não possuem fins lucrativos. Abordamos a globalização, um fenômeno inevitável decorrente do avanço da ciência e da tecnologia, que acaba com as barreiras de tempo e distância, tornando a economia do planeta uma só. Em decorrência desse processo, cada vez mais municípios e regiões são obrigados a realizarem a autogestão dos seus processos de desenvolvimento.

> O desenvolvimento local passa a ser uma estratégia que deve ser incorporada e incentivada pelos níveis mais centralizados do governo (União e estados) por meio de suas políticas públicas.

Questão para reflexão

Fale sobre os modelos político-administrativos centralizados e descentralizados.

Questões para revisão

1. Assinale a(s) alternativa(s) FALSA(s). São diferenças entre os modelos centralizados e os descentralizados:
   a. Nos modelos descentralizados, as políticas públicas são pactuadas e definidas em consenso com os atores locais.
   b. Nos modelos descentralizados, as políticas públicas incorporam a dimensão da territorialidade.
   c. Os modelos centralizados se caracterizam pela seletividade das políticas públicas.
   d. Os modelos descentralizados contribuem para a preservação dos valores culturais.
   e. Os modelos centralizados são mais indicados para os países da América Latina.

2. Sobre o desenvolvimento local, assinale a(s) alternativa(s) FALSA(s):
   a. Se a globalização submete os espaços locais a um ambiente cada vez mais competitivo e complexo, o mesmo processo oferece um maior número de oportunidades para o desenvolvimento local.
   b. O processo de globalização impede o de desenvolvimento local.
   c. O tema desenvolvimento local passou a integrar a preocupação das instituições governamentais e não governamentais.
   d. Estado, mercado e sociedade civil são considerados os três atores que, juntos, podem promover o desenvolvimento local.
   e. A "molecularização" da sociedade é uma das características do processo de globalização.

3. Assinale (V) para as proposições verdadeiras e (F) para as falsas:
   (   ) As políticas públicas podem ser vistas como resposta a determinados problemas existentes na sociedade.

( ) Uma política pública não deve envolver empresas privadas nos seus processos de formulação e de execução.

( ) A abordagem teórica utilizada pelos atores que planejam tende a influir na elaboração e nos resultados de uma política pública.

( ) As políticas públicas são decorrentes das obrigações constitucionais do Estado.

( ) Quando o fornecimento de um serviço público à população é feito por uma empresa concessionária privada, esse serviço fica excluído do rol das políticas públicas.

4. Em relação à descentralização político-administrativa:

I. A descentralização das políticas públicas pode ser vista como um ajuste institucional entre o Estado e a sociedade que transfere para a sociedade civil tantas funções e competências quanto lhe seja possível absorver sem perda de bem-estar para a população.

II. A descentralização político-administrativa pode também ser considerada um processo que permite tanto aumentar a legitimidade dos sistemas políticos, por meio da transferência de responsabilidades aos níveis regionais ou locais, como aumentar a eficácia do processo de atendimento às necessidades das populações dessas regiões ou localidades.

III. A descentralização envolve tanto as instâncias político-institucionais como administrativas, mas não inclui o repasse integral de atividades e atribuições de um nível central de governo a outro nível de menor hierarquia.

IV. Nos modelos descentralizados de Estado, as políticas públicas são pactuadas e definidas em consenso com os atores locais. Nos modelos centralizados, os agentes locais não são consultados e, consequentemente, as políticas não são pactuadas.

V. Nos modelos descentralizados de Estado, as políticas públicas incorporam a dimensão da territorialidade, isto é, a economia

nacional é pensada como um conjunto de economias territoriais e não somente como setores econômicos. Nos modelos centralizados, prevalece a visão setorial (uma economia formada por setores) para o planejamento nacional.
a. Os itens I e IV são falsos.
b. Os itens III e V são verdadeiros.
c. O item III é falso.
d. Todos os itens são verdadeiros.
e. Os itens I, II, III e IV são verdadeiros.

5. Assinale a(s) alternativa(s) FALSA(s):
   a. A descentralização administrativa ocorre pela delegação da oferta de certos bens ou serviços a estruturas governamentais fisicamente mais próximas dos beneficiários. Nesse caso, a unidade operativa é apenas um "braço" do órgão que desconcentra determinado bem ou serviço, permanecendo a responsabilidade com o órgão central.
   b. A descentralização compreende a devolução ou mudança de competências para níveis descentralizados de poder. Na descentralização administrativa, transfere-se a gestão, mas não o poder de legislar sobre o serviço, que permanece com a instância superior.
   c. Não é permitido privatizar os serviços públicos cuja responsabilidade constitucional por seu provimento seja do Estado. Este pode delegar a prestação a uma empresa privada, continuando, no entanto, a ser o responsável pelo serviço perante a população.
   d. Autogestão e cogestão implicam a participação dos trabalhadores e ou usuários nos processos de decisão no âmbito de uma empresa ou serviço público.
   e. O terceiro setor compreende as organizações e as instituições com fins lucrativos e não estatais.

Questão comentada

Assinale (V) para as proposições verdadeiras e (F) para as falsas:
a. (   ) A descentralização das políticas públicas pode ser vista como um ajuste entre o Estado e a sociedade que transfere às esferas de governo mais próximas e à própria sociedade as competências que podem executar com mais propriedade e com melhores resultados.
b. (   ) A descentralização político-administrativa aumenta a governabilidade.
c. (   ) A descentralização impede o aumento da competitividade econômica das localidades na competição econômica globalizada.
d. (   ) A descentralização contribui para aumentar a qualidade das políticas públicas para os problemas locais.
e. (   ) A descentralização não envolve o repasse de todas as funções de governo para as comunidades.

Resposta: a alternativa "c" é a única falsa.

Comentário: considera-se que a descentralização contribui para o aumento da competitividade econômica local, entre outras razões, por proporcionar maior autonomia político-administrativa, por induzir ao fortalecimento das instituições locais e por gerar a necessidade de cooperação das forças econômicas e sociais locais para a autogestão do desenvolvimento.

❖ ❖ ❖

capítulo três

*Políticas
públicas*

Conteúdos do capítulo:

* Políticas públicas e seus tipos;
* Processos de formação e de gestão de políticas públicas;
* Áreas de formação das políticas públicas.

Após o estudo deste capítulo, você será capaz de:

* saber distinguir os tipos de políticas públicas e saber a quem compete cada ação de executá-las e fiscalizá-las.

A expressão *política pública*, a exemplo de outras relacionadas a ela, como *governo*, *estado* e *administração pública*, é empregada de várias formas e em contextos diversos, como uma área de atividade governamental (ex.: política social, política agrícola etc.), como um objetivo ou uma situação desejada (ex.: estabilizar a moeda), como um propósito específico (ex.: política de tolerância zero), como uma decisão de governo em uma situação emergencial (ex.: decretar uma situação de calamidade pública), como um programa (ex.: programa de combate à mortalidade infantil), entre outras.

Usamos a expressão *política pública* tanto para se referir a um processo de tomada de decisões como também para tratar sobre o produto desse processo.

Uma política pública envolve conteúdos, instrumentos e aspectos institucionais. Os conteúdos são os objetivos expressos nas políticas públicas. Os instrumentos são os meios para se alcançar os objetivos enunciados e os aspectos institucionais dizem respeito aos procedimentos institucionais necessários, incluindo modificações nas próprias instituições. Pode envolver, além dos órgãos públicos, as entidades não governamentais e as empresas privadas.

Frequentemente, dizemos, nos meios políticos, que a política é a arte de tornar real o que é possível. Uma definição mais elaborada e suficientemente abrangente para a política pública é uma decisão ou um grupo de decisões – explícitas ou implícitas – que pode estabelecer as diretrizes para a ação presente, para orientar decisões futuras ou para iniciar ou retardar uma ação (Matus, 1996).

Outra forma de conceituarmos política pública é defini-la como o processo de escolha dos meios para a realização dos objetivos da sociedade geridos pelo governo. Sendo os instrumentos de ação dos governos, as políticas públicas devem estar orientadas pelos princípios constitucionais a elas relacionados, como, por exemplo, o da eficiência, da eficácia, da equidade.

> Uma política pública envolve conteúdos, instrumentos e aspectos institucionais.

A razão da existência das políticas públicas é o Estado social, marcado pela obrigação de garantia de direitos fundamentais ao cidadão.

> **Preste atenção!**
> Em síntese, as políticas públicas são, no estado democrático de direito, os meios que a administração pública dispõe para a defesa e a concretização dos direitos de liberdade e dos direitos sociais dos cidadãos, estabelecidos numa Constituição Nacional.

3.1 Tipos de políticas públicas

Em geral, toda política pública apresenta determinadas características que possibilitam diferenciá-la de uma outra. Uma dessas características é a sua finalidade em relação às funções que o Estado exerce na sociedade.

Tendo em vista essas funções, as políticas públicas podem ser divididas nos seguintes tipos ou categorias:

a. POLÍTICAS ESTABILIZADORAS – Têm por objetivos otimizar o nível de emprego, buscar a estabilidade de preços e promover o crescimento econômico, o aumento da renda *per capita* etc. Para a execução das políticas estabilizadoras existem instrumentos fiscais e monetários. Exemplos de políticas fiscais são as compras e as vendas de estoques governamentais e a política tributária. Exemplos de políticas monetárias são o controle da oferta de papel-moeda, os depósitos compulsórios do setor financeiro, as taxas de juros, entre outros.

b. POLÍTICAS REGULADORAS – Têm por objetivo regular a atividade econômica mediante leis e disposições administrativas (estabelecimento de controle de preços, regulação dos mercados, proteção dos consumidores etc.). As políticas reguladoras vêm se tornando mais importantes mediante as concessões de serviços públicos à iniciativa privada, fazendo com que o Estado passe de produtor para regulador do fornecimento desses serviços pelas empresas concessionárias.

c. POLÍTICAS ALOCATIVAS – Compreendem a maioria das políticas que é objeto das programações dos diferentes governos. Geralmente, disponibilizam diretamente aos beneficiários dos programas determinados bens ou serviços. Compreendem também as políticas relacionadas aos serviços públicos que visam a estabelecer o rol e a quantidade de serviços a serem disponibilizados à população.

d. POLÍTICAS DISTRIBUTIVAS – Têm por objetivo a distribuição da renda. As políticas de transferência de renda podem ocorrer, por exemplo, pela aplicação, por um lado, de impostos maiores sobre as camadas de maior renda e, por outro lado, do provimento de bens e serviços com subsídios para as camadas mais pobres da população. Envolvem também as políticas de **subsídio cruzado**, nas quais existem taxas diferenciadas para alguns serviços públicos em que os consumidores de maior renda pagam proporcionalmente mais do que os consumidores de renda menor.

e. POLÍTICAS COMPENSATÓRIAS – Normalmente, são destinadas aos segmentos mais pobres da população, excluídos ou marginalizados do processo de crescimento econômico e social. É o caso das políticas de renda mínima e de distribuição de bens, como cestas básicas, auxílio-desemprego, entre outras.

No caso dos serviços públicos, o subsídio cruzado é utilizado com vistas a que determinados grupos de consumidores, como, por exemplo, os de maiores rendas, paguem tarifas superiores ao custo real do serviço, para permitir que grupos de menores rendas possam pagar tarifas menores do que o custo real do serviço, mantendo-se o equilíbrio econômico-financeiro da empresa fornecedora.

No caso dos serviços públicos, o subsídio direto é utilizado pelo Governo para que os consumidores (ou certos grupos de consumidores) paguem por um determinado serviço, uma tarifa menor do que o custo real do serviço. Para tanto, o governo arca diretamente com a diferença entre o preço subsidiado cobrado e o preço real do serviço.

Podemos considerar que PRATICAMENTE TODAS as políticas públicas encontram-se nessas cinco categorias. Cabe ressaltarmos, no entanto, que uma mesma política pública pode pertencer simultaneamente a mais de uma das categorias citadas.

3.2 A área do Estado em que as políticas públicas são formuladas

Conforme o Plano Diretor da Reforma do Estado (Brasil, 1995b), sob o ponto de vista da organização administrativa do Estado, o setor em que se dá a definição e a formulação das leis e das políticas públicas compreende, no Poder Executivo Federal, os orgãos da **administração direta** que integram a estrutura da Presidência da República e dos ministérios e, no Poder Executivo Estadual ou Municipal, os órgãos da administração direta que integram a estrutura da governadoria/gabinete e a estrutura das secretarias.

Ainda conforme o mesmo Plano Diretor, a DEFINIÇÃO, a FORMULAÇÃO e a AVALIAÇÃO das políticas públicas são atividades exclusivas do Estado e competências específicas da administração direta. Não cabe aos órgãos da **administração indireta** formular

> Conjunto de órgãos que integram as pessoas políticas do Estado (União, estados, Distrito Federal e municípios), que tem a competência, de forma centralizada, de atividades administrativas. É integrada e ligada à estrutura organizacional diretamente ao chefe do Poder Executivo. Os serviços estão distribuídos entre diferentes unidades, com competência para tomar decisões, sempre em harmonia com as unidades superiores, tendo como referência o chefe do Poder Executivo (Presidente da República, Governador de Estado ou Prefeito Municipal).

> É a atividade administrativa transferida ou deslocada pelo Estado para outra entidade por ele criada ou cuja criação é por ele autorizada. O desempenho da atividade pública é exercido de forma descentralizada por pessoas jurídicas de direito público ou privado que proporcionarão ao Estado a satisfação de seus fins administrativos. Compõem a Administração Indireta: as autarquias e as entidades paraestatais (empresas públicas, sociedades de economia mista, fundações e os serviços sociais autônomos).

políticas públicas; a eles cabe tão-somente executar as políticas públicas formuladas pela administração direta.

Nesse contexto, ainda segundo o Plano Diretor da Reforma, o Estado é constituído por dois núcleos ou setores básicos:

a. *núcleo burocrático*; e
b. setor de infraestrutura, bens e serviços (Quadro 3.1).

Quadro 3.1 – Os dois núcleos ou setores básicos do Estado

	Núcleo burocrático	Setor de infraestrutura, bens e serviços
Atividades	Exclusiva de Estado.	Não exclusivas de Estado.
Poder de Estado	Necessita.	Não necessita.
Corpo de pessoal	Servidores públicos de carreiras exclusivas de Estado.	Profissionais não necessitam pertencer a carreiras de Estado.

Fonte: Adaptado de Brasil, 1995b.

Ao núcleo burocrático cabe formular e avaliar diretrizes e políticas públicas para assegurar que serão implementadas em benefício de todos, e não de determinados grupos de interesses ilegítimos. É nesse núcleo que diretrizes, leis e políticas públicas são formuladas e avaliadas e seus resultados são cobrados. Também é encarregado de realizar as funções exclusivas de Estado:

> Corresponde ao Poder Legislativo, ao Poder Judiciário e a uma parte do Poder Executivo – Forças Armadas, polícia, diplomacia, arrecadação de impostos, administração do Tesouro, administração do pessoal do Estado, atividades definidoras de políticas públicas. São prerrogativas do núcleo burocrático: legislar e tributar, administrar a justiça, garantir a segurança e a ordem interna, defender o país contra inimigos externos e estabelecer políticas públicas de caráter econômico, social, cultural e do meio ambiente. No núcleo burocrático, situam-se todas as carreiras exclusivas de Estado; conta também com pessoal auxiliar, técnicos, administradores, cujas decisões não exigem proteção especial para serem executadas.

a. legislar;
b. tributar;
c. garantir a segurança;
d. estabelecer as políticas públicas.

O setor de infraestrutura, bens e serviços compreende as funções não exclusivas de Estado, como o são, por exemplo, o provimento de certos bens e serviços para a sociedade, como creches, escolas, universidades, centros de pesquisas, entidades de assistência social, museus, emissoras educativas de rádio e TV etc. Esse setor é composto por *autarquias*, fundações, empresas públicas e de capital misto, organizações sociais, órgãos de regime especial, entre outras.

> É entidade autônoma, auxiliar e descentralizada da administração pública sujeita à fiscalização e tutela do Estado, financiada por recursos provenientes ou do Estado ou do produto de sua atividade.

Nesse setor, o corpo funcional não precisa pertencer a carreiras exclusivas de Estado e podem ser recrutados em regimes trabalhistas de mercado.

Todas as carreiras exclusivas que necessitam do poder (extroverso) de Estado encontram-se no núcleo burocrático. Esse núcleo, por sua vez, é dividido em dois outros: estratégico e não estratégico.

Quadro 3.2 – O núcleo burocrático do Estado

	Núcleo estratégico	Núcleo não estratégico
Atividades	Define e formula as políticas públicas.	Executa as políticas públicas.
Administração	Somente administração direta.	Administração direta e indireta.
Poderes e órgãos	Poder Legislativo, Poder Judiciário, Ministério Público, parte do Poder Executivo.	Órgãos de regulamentação, fiscalização, arrecadação, policiamento, financiamento, agências regulamentadoras e agências executivas.

Fonte: Adaptado de Brasil, 1995b.

O núcleo estratégico compõe-se exclusivamente de órgãos da administração direta. Já o núcleo não estratégico, por sua vez, compreende órgãos da administração direta e da indireta (Quadro 4).

Dada a necessidade do uso do poder de Estado, os núcleos estratégicos e os não estratégicos devem ser constituídos por um corpo funcional de carreiras exclusivas de Estado (servidores que ingressam por concurso público e que têm estabilidade).

Conforme o Plano Diretor da Reforma do Estado, são propósitos para o núcleo estratégico:

> Aumentar a efetividade do núcleo estratégico, de forma que os objetivos democraticamente acordados sejam adequada e efetivamente alcançados. Para isso, modernizar a administração burocrática, que no núcleo estratégico ainda se justifica pela sua segurança e efetividade, através de uma política de profissionalização do serviço público, ou seja, de uma política de carreiras, de concursos públicos anuais, de programas de educação continuada permanentes, de uma efetiva administração salarial, ao mesmo tempo que se introduz no sistema burocrático uma cultura gerencial baseada na avaliação do desempenho. Dotar o núcleo estratégico de capacidade gerencial para definir e supervisionar os contratos de gestão com as agências autônomas, responsáveis pelas atividades exclusivas de Estado, e com as organizações sociais, responsáveis pelos serviços não exclusivos do Estado realizados em parceria com a sociedade. (Brasil, 1995b, p. 45-46)

No núcleo estratégico, para as políticas públicas, a efetividade é o princípio constitucional mais importante. O que precisamos saber, em primeiro lugar, é se as decisões que são tomadas pelo governo atendem eficazmente aos interesses da sociedade, se correspondem aos objetivos mais gerais aos quais a sociedade está voltada ou não (Brasil, 1995b).

As outras atividades exclusivas do Estado, mas que estão fora do núcleo estratégico, situam-se no núcleo não estratégico e compreendem ações em que o poder de Estado é exercido: regulação, fiscalização, arrecadação de tributos, atividade de polícia, agências reguladoras, *agências executivas*, entre outras. A esse setor pertencem muitas entidades situadas na administração indireta, em geral instituídas na forma de autarquias ou de *fundações públicas* (Brasil, 1995b).

> Caracteriza-se pela atribuição de personalidade jurídica a um determinado patrimônio destinado a um fim específico. São voltadas para as atividades de caráter social. Não têm fins lucrativos.

O desenho institucional do Estado brasileiro estabelecido no Plano Diretor da Reforma do Estado de 1995 representa a estrutura institucional que decorre naturalmente do ordenamento jurídico do Estado democrático de direito brasileiro após a Constituição de 1988.

> A denominação *agência executiva* é uma qualificação a ser concedida, por decreto presidencial específico, a autarquias e fundações públicas responsáveis por atividades e serviços exclusivos de Estado. Não representa a instituição de uma nova figura jurídica na Administração Pública. De acordo com a Lei Federal nº 9.649/1998 (Brasil, 1998c) art. 51, o Poder Executivo poderá qualificar como Agência Executiva a autarquia ou a fundação que tenha cumprido os seguintes requisitos: a) ter um plano estratégico de reestruturação e de desenvolvimento institucional em andamento; b) ter celebrado contrato de gestão com o respectivo ministério supervisor. A qualificação como agência executiva será feita em ato do presidente da República. O Poder Executivo editará medidas de organização administrativa específicas para as agências executivas, visando a sua autonomia de gestão, bem como as disponibilidades de recursos orçamentários e financeiros para o cumprimento dos objetivos e metas definidos nos contratos de gestão.

3.3 O controle social das políticas públicas

A administração pública deve sempre agir rigorosamente de acordo com normas constitucionais e legais que as competências dos seus órgãos estabelecem, delimitando o seu campo de atuação e estabelecendo controles aos quais deve se sujeitar. Com isso, entedemos que ela não pode agir com absoluta independência, praticando atos não autorizados em lei e sem objetivar o interesse ou fim público. Para que essas normas sejam observadas, é necessário o exercício do controle da administração pública.

Dada a função da administração pública de realizar as tarefas de execução das políticas públicas do Estado, é necessário que, no exercício dessa função, sejam levados em conta, simultaneamente, os aspectos de legalidade e a legitimidade dos atos, do interesse público, da eficiência, da eficácia e da utilidade que lhe são exigidos.

Assim, o Estado se submete à ordem e à eficiência administrativa e à eficácia dos seus atos, e esses princípios criam mecanismos ou sistemas de controle de suas atividades, em defesa não só da própria administração pública como, e principalmente, dos direitos e garantias dos cidadãos. Os mecanismos ou sistemas de controle têm expressivo significado na garantia do regime democrático.

O CONTROLE SOCIAL DAS POLÍTICAS PÚBLICAS ESTÁ DIRETAMENTE RELACIONADO AO CONCEITO DE *accountabillity*, termo que não tem sinônimo na língua portuguesa e diz respeito à avaliação de resultados e à responsabilização dos governantes pelos seus atos. Segundo Przeworski (1996, p.18-19):

> A qualidade da intervenção do Estado na economia depende, em grande medida, da eficácia dos mecanismos que obrigam os governos a prestar contas de seus atos perante o público.
> [...]
> Instituições políticas bem desenhadas poderiam induzir os governos a se comprometerem acima de tudo com intervenções econômicas socialmente desejáveis, independente de suas motivações.

Os requerimentos básicos para o controle da sociedade sobre a administração pública no Brasil foram definidos com mais clareza a partir da criação do Estado democrático de direito, na Constituição Federal de 1988. O controle da administração pública no Estado brasileiro age sobre a eficiência e a efetividade; é ele quem avalia se a administração alcançou as metas propostas.

São dois os tipos de controle definidos pela Constituição Federal: o CONTROLE INTERNO (feito pelos próprios órgãos do aparelho estatal) e o CONTROLE EXTERNO (a cargo do Poder Legislativo, que o faz com o suporte do Tribunal de Contas, órgão técnico responsável pelo desempenho dessa missão).

O controle externo compreende a ação fiscalizadora da população sobre a administração pública. O Poder que melhor representa a população é o Legislativo, daí ser de sua alçada e competência essa função constitucionalmente atribuída. Para ser exercido, o controle externo requer a existência do controle interno que deve existir nos Três Poderes*.

> O Estado se submete à ordem e à eficiência administrativa e à eficácia dos seus atos, e esses princípios criam mecanismos ou sistemas de controle de suas atividades.

Outra forma de controle muito importante à qual a administração pública está sujeita é a vigilância exercida pelo Ministério Público, que tem a função de defender a sociedade e pode acionar o Poder Judiciário sempre que julgar necessário.

> **Preste atenção!**
> Para um controle social mais efetivo, além daquele que é exercido pelos órgãos constitucionais que têm essa atribuição, é fundamental que sejam incentivados os mecanismos que estimulem a participação da sociedade no processo de formação e de gestão das políticas públicas e, particularmente, na avaliação dessas políticas, pois, nas democracias, é a efetiva cobrança da população aos governantes que leva ao aprimoramento da qualidade das políticas públicas executadas.

---

* O art. 74 da Constituição Brasileira de 1988 estabelece as finalidades da existência do controle interno nos Três Poderes.

Exemplos de mecanismos de incentivo à participação e à cobrança de resultados são a realização de audiências públicas para os instrumentos legais de gestão pública, como os PPAs e as LOAs, a indução à criação de conselhos municipais diversos, os métodos de orçamento participativo, entre outros.

3.4 Concepções teóricas de políticas públicas

Existe uma relação direta entre o poder e as políticas públicas, as quais tendem a buscar legitimar e privilegiar a ideologia que existe num determinado ambiente social.

Para entendermos a relação entre o Estado e a sociedade o modelo teórico é um determinante essencial para os resultados obtidos na elaboração ou na análise de uma política pública, ou seja, na sua descrição e na sua explicação das causas e consequências de uma determinada ação governamental. Os resultados obtidos por uma política pública tendem igualmente a expressar a concepção teórica ou a visão que os formuladores adotaram.

Do ponto de vista da participação da sociedade, consideramos que existem duas formas principais de abordagem: a política pública vista como "o ESTADO FAZENDO" e a política pública vista como "UMA CONSTRUÇÃO COLETIVA".

a. A política pública vista como "o Estado fazendo"

Sob a ótica dessa concepção, em vez de centrar seu estudo na relação Estado-sociedade, a análise das políticas públicas desloca seu foco de investigação para a ATIVIDADE CONCRETA DO ESTADO, QUE É considerada uma variável independente. Nessa concepção, a modernização do Estado permanece centrada no gerenciamento e na melhoria da gestão e dos processos. Essa opinião é mais apropriada para o planejamento normativo e/ou para o Estado de poder centralizado, os quais serão abordados no próximo capítulo.

b. *A política pública vista como "uma construção coletiva"*

Nessa interpretação, as políticas públicas RESULTAM DA INTERAÇÃO ENTRE ATORES COLETIVOS E INDIVIDUAIS (associações de classe, sindicatos, instituições governamentais e não governamentais, empresas privadas, entre outros) que se relacionam de maneira estratégica para articular e para fazer valer seus interesses. Nesse contexto, a modernização do Estado deve estar centrada na preocupação com a **cidadania** e com as relações com a sociedade. Essa concepção é mais apropriada para ambientes democráticos e/ou para Estados em que o poder está descentralizado.

> Condição adquirida pelo indivíduo ao pertencer a uma comunidade política, com vínculo jurídico ao Estado no qual é detentor de direitos e deveres contemplados pelo ordenamento legal.

A experiência nos países de democracias mais maduras mostra-nos que a participação da sociedade é fundamental para o êxito dos processos de formulação e de gestão das políticas públicas. O incentivo para uma maior participação da sociedade pode ser realizado tanto por políticas específicas elaboradas com esse objetivo como pela incorporação, em grande parte das políticas públicas, de mecanismos que levem a essa participação. Esse objetivo passa pelo fortalecimento das organizações da sociedade civil e pela consolidação de uma estrutura institucional de **monitoramento** e de avaliação da participação dos cidadãos.

> Processo sistemático de análise realizado durante a execução de um programa no seu funcionamento e no seu desempenho, assim como nas suas ações. Objetiva identificar desvios na execução, entre o que foi programado e o que foi executado, diagnosticando as causas desses desvios e estabelecendo os ajustes necessários para a adequação aos objetivos e metas pretendidos.

> **Preste atenção!**
> A pactuação das políticas públicas com a sociedade nos ambientes democráticos atuais é uma condição importante para o seu sucesso, e é fundamental que os partidos políticos e o próprio Poder Legislativo, que são os canais naturais entre povo e governantes, estejam envolvidos também na coordenação do desenho das políticas públicas.

Cabe salientarmos, no entanto, que ouvir e negociar com os cidadãos não significa necessariamente dar sempre razão a eles, pois o que a maioria pensa em determinadas circunstâncias pode não ser a solução mais adequada. Nas sociedades democráticas da atualidade, cada vez mais complexas, nas quais os problemas e as demandas são diversificados, entre outras razões, pelo crescimento dos direitos das minorias, o interesse geral é a síntese de múltiplos interesses, e o Estado permanece como o responsável por encontrar as soluções que melhor atendam ao interesse geral.

Assim, nas sociedades atuais o Estado deve deixar de ser autoritário, sem, entretanto, subordinar-se total e passivamente à opinião pública.

Síntese

Neste capítulo, discorremos sobre as políticas públicas, as quais tratam de aspectos institucionais. Elas podem ser definidas também como o processo de escolha para a realização dos objetivos da sociedade que são geridos pelo governo. Estudamos também os tipos de políticas públicas – estabilizadoras, reguladoras, alocativas, distributivas e compensatórias – e vimos a área do Estado em que elas são formuladas.

Questão para reflexão

Comente a respeito dos tipos de políticas públicas.

Questões para revisão

1. Assinale a(s) alternativa(s) FALSA(s) em relação à área do Estado em que as políticas públicas são formuladas:
   a. No âmbito da administração direta.

b. Cabe à administração indireta executar as políticas elaboradas pela administração direta.
c. São elaboradas pelas agências reguladoras.
d. São consideradas atividades exclusivas do Estado.
e. Podem ser elaboradas por órgãos da administração indireta.

2. Considerando o ponto de vista da participação da sociedade nas políticas públicas, assinale a(s) alternativa(s) FALSA(s).:
   a. A visão da política pública como "o Estado fazendo" é mais apropriada para Estados de poder centralizado.
   b. A visão da política pública como "uma construção social" é mais apropriada aos modelos descentralizados e democráticos de Estado.
   c. Na concepção de política pública vista como "uma construção social", as políticas são o resultado da interação entre os diversos atores coletivos e individuais que se relacionam de maneira estratégica para fazer prevalecer seus interesses.
   d. Para a visão da política pública como "o Estado fazendo", a participação dos atores sociais envolvidos é condição essencial para a formulação e a execução.
   e. A sociedade deve participar ativamente dos processos de alocação de recursos públicos.

3. Em relação às políticas, assinale (F) para as proposições falsas e (V) para as verdadeiras:
   ( ) Uma política pública pode envolver, além dos agentes públicos, os agentes privados.
   ( ) Política pública é o processo de escolha dos meios para a realização dos objetivos o governo.
   ( ) As políticas públicas representam os instrumentos de ação dos governos.
   ( ) Uma política pública não deve envolver o setor privado na sua execução.

( ) Uma política pública compreende um conjunto de ações inter-relacionadas que visam enfrentar um problema social ou a atender a uma demanda da sociedade.

4. Assinale a(s) alternativa(s) FALSA(s):
   a. O controle externo do Poder Executivo é realizado pelos Tribunais de Contas.
   b. Do ponto de vista da participação da sociedade, pode-se considerar que existem duas formas principais de se verem as políticas públicas: como "o Estado fazendo", isto é, determinando de cima para baixo as medidas governamentais, e como "uma construção coletiva" entre o governo e a sociedade organizada, em que o governo consulta e envolve a sociedade na formulação e na execução das ações governamentais.
   c. Na visão de política pública como uma construção coletiva, as políticas públicas são o resultado da interação entre os atores coletivos e individuais (associações de classe, sindicatos, instituições governamentais e não governamentais, empresas privadas, entre outros) que se relacionam de maneira estratégica para articular e fazer valer seus interesses.
   d. A concepção de política pública como uma construção coletiva é mais apropriada para o planejamento normativo e/ou para Estados de poder centralizado.
   e. Outra forma de controle a qual a administração pública está sujeita é o controle exercido pelo Poder Judiciário com o propósito de proteger o cidadão contra eventuais atos da própria administração pública.

5. Assinale a(s) alternativa(s) FALSA(s):
   a. Nas políticas públicas, os atores sociais são todas as pessoas e as organizações envolvidas nos processos de formação e de gestão das políticas públicas.

b. O resultado de uma política pública não depende somente do desenho do programa em si, mas também das circunstâncias sociais em que ele será executado.
c. Problemas sociais são diferentes de problemas matemáticos. A solução de um problema matemático é sempre única e inquestionável. As soluções para os problemas sociais normalmente não são únicas nem aceitas por todos.
d. O fator tempo não tem influência no aumento da complexidade dos problemas sociais.
e. As instituições que estão envolvidas nas políticas públicas exercem grande influência nos resultados dessas políticas.

Questão comentada

Assinale (V) para as proposições verdadeiras e (F) para as falsas:
a. ( ) As políticas públicas e os processos políticos não devem ser tratados separadamente.
b. ( ) A possibilidade de sucesso ou de fracasso de uma política pública independe do contexto político e institucional.
c. ( ) O ciclo de uma política pública compreende as etapas de formulação, execução, avaliação e reprogramação.
d. ( ) Existem diferenças entre políticas públicas e políticas de governo. As políticas públicas não guardam necessariamente relação com o mandato de um governo e podem se manter existindo por vários mandatos de diferentes governos
e. ( ) O grau da eficácia de uma determinada política governamental na solução ou mitigação de um problema ou no atendimento de uma demanda social depende sempre de um amplo conjunto de fatores sociopolíticos e, também, com grande importância, da capacidade técnico-administrativa existente para dar suporte às decisões políticas na formulação e na gestão da mesma.

Resposta: alternativa "b" é a única falsa.

Comentário: nos Estados democráticos da atualidade, as políticas públicas se formam, são escolhidas e executadas em complexos ambientes nos quais os diferentes atores envolvidos (pessoas e instituições) tentam fazer prevalecer os seus interesses. Assim, não é possível pensar em políticas públicas sem levar em conta a existência das instituições e que estas possuem interesses que podem ser atingidos favorável ou desfavoravelmente pelas ações propostas nas políticas públicas.

capítulo quatro

Formação e gestão de políticas públicas

Conteúdos do capítulo:

- Formação das políticas públicas dentro dos referenciais metodológicos do planejamento normativo e do planejamento estratégico situacional;
- Noção de problema social;
- Causas e diagnósticos de problema social.

Após o estudo deste capítulo, você será capaz de:

- reconhecer problemas sociais e formular soluções para eles.

Para que um problema social ou uma demanda da sociedade passe a ser objeto de atenção de uma política pública e seja inserido na agenda de prioridades de um determinado governo ou instituição que fomente políticas públicas, é necessário que tenha importância social e que os atores nela interessados tenham poder de barganha política suficiente para isso.

Assim, vemos o processo de formação das políticas públicas como um jogo social entre atores que interagem em situações formais e informais. Alguns atores, como os partidos políticos, o chefe do Poder Executivo, os ministros e os secretários, os parlamentares e os funcionários públicos são FORMAIS: seus papéis e suas funções no processo estão claramente estabelecidos na Constituição. Outros atores, como movimentos sociais, empresas e meios de comunicação, são INFORMAIS: não têm papel ou função formal no processo, mas podem se mostrar, em determinadas situações, como agentes poderosos ou mesmo determinantes nos processos de formação e de definição das políticas públicas, ao fazerem valer o seu poder de convencimento e/ou de pressão política sobre os decisores.

Os processos políticos e de formação, formulação e gestão das políticas públicas são atividades inseparáveis. As políticas públicas não são formadas nem executadas em ambientes passivos ou vazios, elas operam dentro de um complexo e específico contexto de instituições existentes em um determinado território.

É comum ocorrer a formulação de políticas públicas que não prestam adequada atenção aos aspectos institucionais. Por melhor que tenham sido formuladas em relação aos demais aspectos envolvidos, as propostas de políticas públicas podem fracassar completamente se estiverem num meio institucional desfavorável.

Assim, não é possível pensar em políticas públicas sem levar em conta a existência das instituições e que estas possuem interesses que podem ser atingidos favorável ou desfavoravelmente pelas ações propostas nas políticas públicas.

É preciso considerar que essas instituições geralmente têm suas próprias políticas e interesses, não sendo, assim, necessário apenas formular políticas corretas, mas incorporar as instituições no processo de formulação e de execução dessas políticas.

Dessa forma, o modelo de políticas universais, próprio do planejamento de viés normativo, supõe equivocadamente que as políticas possam ser aplicadas com independência da sua situação no tempo ou no espaço geográfico. Isso não funciona em ambientes democráticos. Neles, as políticas públicas resultam de trocas complexas entre os atores (pessoas e instituições) envolvidos ao longo do tempo e a sua capacidade em cooperar ao longo da formulação e da execução de uma política. Tais aspectos são fatores cruciais para o seu sucesso.

A referida interação entre os atores envolvidos ocorre de forma intensa em todas as etapas de uma política pública: desde as gestões políticas para a inclusão na agenda de prioridades de um governo, do problema ou da demanda a ser atendida pela política pública em questão; durante o processo de formulação, envolvendo o diagnóstico do problema e a escolha e desenho das ações governamentais necessárias para solucioná-lo; durante o processo de execução e/ou de implantação das ações preconizadas e mesmo na avaliação dos resultados obtidos. Ou seja, ocorrem interações e trocas entre os atores envolvidos durante todo o ciclo dessa política.

4.1 Ciclo de uma política pública

Devemos ver os programas governamentais destinados a solucionar ou a mitigar os problemas sociais como um processo. Esse processo é permanentemente monitorado e continuamente ajustado, corrigido e aperfeiçoado, com vistas a levar o programa a se aproximar cada vez mais dos objetivos pretendidos. Um programa obtém um bom resultado quando consegue pelo menos estar próximo aos objetivos estabelecidos.

Essa ideia de processo, inerente ao método do Planejamento Estratégico Situacional (PES), está incorporada ao modelo brasileiro de formulação e gestão das políticas governamentais por meio dos instrumentos Plano Plurianual (PPA), Lei de Diretriz Orçamentária (LDO) e Lei Orçamentária Anual (LOA), os quais possibilitam que os programas governamentais possam ser geridos na forma de um ciclo permanente.

A divisão desse ciclo é feita com base no modelo brasileiro de planejamento, orçamento e gestão, em quatro fases, quais sejam: formulação, execução, avaliação e reprogramação.

> Técnica de planejamento baseada na elaboração de hipóteses alternativas sobre aspectos futuros da realidade, que permite preparar-se para a ocorrência de cada uma das hipóteses alternativas e que estimula os gestores a refletir sobre estratégias de planejamento de longo prazo. Configuração imaginativa do ambiente a ser enfrentado pela organização em determinado horizonte de tempo.

Uma política pública é primeiramente concebida no âmbito de um processo deliberatório pelos tomadores de decisão, que pode ser mais ou menos democrático e participativo em função do grau de envolvimento da população que for incorporada à sua prática. Essa fase, de formulação ou planejamento, geralmente compreende tarefas como pesquisa e análise do problema em questão, construção de **cenários prospectivos**, definição de metas físicas e financeiras etc.

Depois de formulada e aprovada, a política é implementada pelos órgãos e/ou pelos mecanismos existentes ou criados para tal finalidade. A etapa seguinte é a avaliação da política, quando as metas previstas para os produtos (bens e serviços) que serão gerados pelas ações do programa são comparadas com as obtidas até o momento da avaliação e quando o grau com que o objetivo do programa foi atingido é comparado com o grau inicialmente estabelecido.

A etapa final desse ciclo é a reprogramação, quando são realizados ajustes e correções para levar o sistema a se aproximar dos cenários e/ou dos objetivos desejados. Esse conjunto de etapas constitui o CICLO DE UMA POLÍTICA PÚBLICA (Figura 4.1).

Figura 4.1 – O ciclo de uma política pública

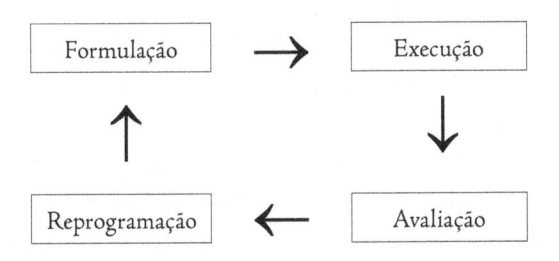

```
    Formulação    ──→    Execução
        ↑                    ↓
   Reprogramação  ←──    Avaliação
```

Nas últimas décadas, em razão da ampliação do processo de democratização em todo o mundo e também da já referida crise de governança que persiste em grande parte dos Estados, observamos um aumento crescente nas sociedades democráticas – seja nos países desenvolvidos, seja nos países em desenvolvimento – e um aumento da pressão social pelo melhor uso possível dos recursos arrecadados pelos impostos governamentais. Nesse contexto, vem crescendo também a preocupação de todos com a melhoria dos resultados obtidos pelas políticas públicas.

> Depois de formulada e aprovada, a política é implementada pelos órgãos e/ou pelos mecanismos existentes ou criados para tal finalidade.

Em vários dos países em desenvolvimento, nos quais as reformas estruturais do Estado e da administração pública caminham mais devagar, ainda prevalecem modelos normativos de planejamento e métodos tradicionais de gestão.

O modelo normativo de planejamento governamental foi, durante muitos anos, o referencial básico para a formulação das políticas públicas em todo o mundo. Nas últimas décadas, com o aumento da complexidade dos ambientes, esse modelo passou a ser objeto de questionamentos e revisões, dado que não mais estava produzindo os resultados esperados. Nesse contexto, o PES vem se apresentando como um método mais adequado às dinâmicas mais complexas dos atuais ambientes democráticos dos países em desenvolvimento.

4.2 Planejamento e gestão das políticas públicas

A prática sistemática do planejamento governamental teve inicio principalmente na extinta União Soviética, quando os planos governamentais passaram a ser utilizados para substituir o mecanismo de mercado como regulador automático da economia e da sociedade.

Posteriormente, os principais países capitalistas passaram também a incorporar a prática do planejamento governamental em razão da necessidade de uma maior intervenção do Estado no funcionamento das suas economias diante da crise econômica dos anos 1930.

Os êxitos obtidos com o planejamento governamental na experiência soviética, na superação da crise e na retomada do crescimento nos Estados Unidos e na reconstrução europeia no pós-guerra acabaram por convencer a maioria dos demais países, entre os quais os da América Latina, da sua importância para o desenvolvimento social e econômico.

Existe uma relação direta entre as políticas públicas e a atividade de planejamento governamental, uma vez que este responde à necessidade de implementação das políticas públicas.

O planejamento é entendido como um sistema de métodos e de procedimentos cuja finalidade é a construção e a utilização de representações antecipadas, esquematizadas e hierarquizadas, ou seja, de cenários, para servir de guia a uma atividade.

Como sistema de métodos e procedimentos, o planejamento é, fundamentalmente, o tratamento de dados e de informações que são transformados em conhecimentos destinados a auxiliar os processos decisórios. É um recurso dedicado à formalização das decisões: visa assegurar que as escolhas quanto às ações futuras ocorram com a maior racionalidade possível.

Dizem respeito ao planejamento os processos de tomada de decisão e os elementos e as relações que estruturam esses processos, inclusive as circunstâncias históricas que explicam a sua evolução. O planejamento, portanto, não é algo que se coloca no lugar dos processos decisórios, não os substitui nem reduz o seu caráter essencialmente político e estratégico: o planejamento é claramente "instrumento auxiliar".

Consequentemente, mas necessariamente mediados pela condição de instrumento auxiliar, constituem também objeto da investigação e do conhecimento para o planejamento daqueles aspectos da realidade a respeito dos quais são consideradas as decisões a tomar.

Nos AMBIENTES DEMOCRÁTICOS, o planejamento deve incorporar como uma de suas habilidades a competência para defender "politicamente" as suas propostas de políticas públicas. Assim, é fundamental ser capaz de prever como suas propostas serão percebidas politicamente e saber o que fazer para defendê-las em termos ideológicos e filosóficos perante os decisores.

Os motivos, que historicamente têm justificado o planejamento como uma prática socialmente aceitável e que o distinguem de outros instrumentos do arsenal administrativo, são as demandas pela racionalização dos processos decisórios. A racionalidade seria uma qualidade das decisões a ser obtida pela agregação de um maior conteúdo técnico e científico aos demais componentes políticos. Como sistema de métodos e procedimentos, o planejamento é a "ponte" entre a ação politicamente determinada e as ciências, ou melhor, o conhecimento. Sob esse ponto de vista, cabe ao planejamento prover o sistema de tomada de decisões dos dados, das informações e dos conhecimentos necessários para que, em cada momento do curso das ações, promova-se a melhor conciliação possível entre o que o decisor conhece acerca da realidade que pretende transformar, os objetivos que o impulsionam e os instrumentos da ação: os meios e os recursos disponíveis.

> Como sistema de métodos e procedimentos, o planejamento é, fundamentalmente, o tratamento de dados e de informações que são transformados em conhecimentos destinados a auxiliar os processos decisórios.

Racionalidade é, portanto, o mesmo que coerência ou consistência: elementos e relações em equilíbrio entre si e o seu meio, mas expressos na forma de "representações antecipadas", propõem à "negação da improvisação", e a não "negligenciar o futuro".

A incerteza não é eliminada pela racionalidade, porque isso não é possível em se tratando de sistemas altamente complexos como são os problemas que a realidade apresenta, porém assume o objetivo de ser uma espécie de fonte de oportunidades de inovação e mudanças, enriquecendo o espectro de escolhas para o decisor (re)orientar as ações rumo aos objetivos em face da constante (re)avaliação dos meios e os recursos disponíveis.

Os meios e os recursos, ou seja, as ferramentas utilizadas pelo planejamento e pela gestão são as teorias, os métodos e as técnicas que possibilitam conhecer o sistema de tomada de decisões políticas e as relações desse sistema com os aspectos da realidade sobre os quais as decisões dizem respeito. São, também, os meios e os recursos necessários ao gerenciamento da informação sempre que se apresentarem escolhas entre cursos alternativos de ação, bem como o que for preciso para a formulação de cenários e a prospecção de procedimentos inovadores.

Planejamento e gestão estratégica são inseparáveis. A gestão estratégica se vale também de outras formas de construção do saber, como o bom senso e a intuição. São modos mais "abertos" de captar e de trabalhar a informação, além daquelas mediadas pelo pensamento. Em muitos aspectos, a competência estratégica tem sido, com frequência, equiparada a uma "arte".

4.3 Planejamento normativo

O planejamento governamental tradicional é considerado de caráter normativo pelo fato de a realidade, que entendemos como a comunidade e as suas relações em um território, ser tomada como algo passivo, que aceita e assimila, sem qualquer reação por parte das instituições e/ou de pessoas que constituem essa comunidade, as medidas de políticas ou programas que um governo queira nela executar.

No passado, principalmente nos países socialistas e naqueles em que o poder era altamente centralizado, os governos centrais não tinham grandes dificuldades em estabelecer medidas de intervenção nas respectivas economias e sociedades. A realidade da época se comportava de forma relativamente passiva.

> Planejamento e gestão estratégica são inseparáveis.

De acordo com a visão que norteia o planejamento governamental normativo, o planejamento econômico e social consiste fundamentalmente em uma técnica que se vale de instrumentos matemáticos para elaborar planos.

A visão normativa supõe que o processo de planejamento comece com o diagnóstico da situação que se pretende alterar. Depois de diagnosticada a realidade e de conhecidas as funções e as disfunções nela existentes, o planejador define os objetivos pretendidos e estabelece as metas que deverão ser alcançadas. O cumprimento dessas metas permitirá que os objetivos do programa sejam alcançados (Matus, 1993).

Esse modelo tradicional ou normativo de planejar e de governar está suportado em métodos essencialmente matemáticos ou quantitativos para a abordagem dos problemas sociais, sendo que estes são de natureza diferente da dos matemáticos.

Equivocadamente, pressuposmos que exista alta governabilidade sobre o processo, ou seja, que aquele que planeja possua total conhecimento e controle das principais variáveis que estão envolvidas no problema. Consideramos que, embora quem planeja não tenha o controle sobre todas as variáveis envolvidas no problema, CONHECE e CONTROLA as variáveis que são importantes. Nessa concepção, quanto mais simplificada for a descrição do problema social em questão, maior será a governabilidade existente sobre ele (Matus, 1993).

> **Preste atenção!**
>
> No planejamento normativo, quem planeja ou governa é um só indivíduo, o qual e detém o necessário controle sobre a realidade. Os demais atores sociais (instituições e pessoas) envolvidos e/ou beneficiários do processo são agentes sociais passivos que aceitam toda e qualquer medida que quem governa ou planeja queira executar nessa realidade. O planejador julga que, quando os agentes sociais envolvidos reagem, fazem-no sempre de forma previsível, conforme o esperado, por isso, previamente estabelece na própria estratégia do plano todas as medidas necessárias para anular tais reações. Assim, o modelo explicativo simplificado da realidade no modelo normativo tende a ser superficial e incompleto.

Essa situação ideal ou plenamente governável requerida pelo enfoque do planejamento normativo não existe na vida real. O método normativo tende a encontrar menos problemas nas situações em que o poder estatal é fortemente centralizado, talvez venha daí a razão de ter sido empregado com certo sucesso no planejamento governamental brasileiro, principalmente do período de 1930 a 1970.

- A visão normativa supõe que o processo de planejamento comece com o diagnóstico da situação que se pretende alterar.

- Nos atuais ambientes democráticos complexos da atualidade isso não é mais possível e o método do planejamento tradicional ou normativo já não se mostra mais adequado.

Características básicas do planejamento normativo segundo Carlos Matus

Segundo Carlos Matus (1993), principal idealizador do método do PES e crítico do planejamento normativo, as principais características do método normativo são:

a. Total controle do planejador sobre o sistema social, objeto do planejamento. Um só ator planeja e governa, os demais aceitam passivamente e reagem exatamente conforme previsto pelo planejador;

b. Considerar que as ações que os agentes sociais possam produzir em relação às intervenções governamentais que lhes são impostas são sempre previsíveis e enumeráveis;

c. Considerar que o ator que planeja não controla todas as variáveis, no entanto, as variáveis que ele não controla não têm relevância no processo.

O planejamento normativo mostrou-se historicamente mais apropriado para as situações de poder concentrado, caso das economias socialistas e dos países em desenvolvimento de regimes militares.

Nos Estados democráticos atuais, caracterizados por alta complexidade social resultante das situações de poder compartilhado, o método normativo encontra grandes dificuldades e tem se mostrado pouco apropriado.

O planejamento normativo ou tradicional se baseia em diagnósticos e na construção de modelos. Modelos sempre são representações simplificadas da realidade, pois é impossível incluir todas as variáveis na construção de um modelo. Como algumas variáveis descartadas na construção do modelo podem ser fundamentais, este pode vir a ficar muito distante da realidade. Assim, o PLANEJAMENTO TRADICIONAL tende a conceber programas perfeitos do ponto de vista técnico, mas que frequentemente se apresentam inviáveis em função das variáveis políticas.

O crescente número de mudanças tecnológicas, sociais, econômicas e políticas acarreta maiores níveis de complexidade, imprevisibilidade e volatilidade nos ambientes sociais e econômicos, aumentando significativamente a dificuldade de se planejar. A crescente instabilidade dos ambientes diminui muito a possibilidade de se realizar extrapolações, como é o caso do método do planejamento tradicional ou normativo. Tais métodos lineares se aplicam melhor em períodos de relativa estabilidade nos ambientes, mas tendem a entrar em grandes dificuldades em períodos de maior complexidade e convulsão como os ambientes atuais. Tal situação requer que se utilizem métodos não lineares de planejamento. Entre esses métodos não lineares vem crescendo a importância do PES.

4.4 O Planejamento Estratégico Situacional (PES)

O PES surgiu das reflexões críticas de uma corrente de pensadores sobre as limitações do planejamento normativo ou tradicional. Entre eles, destacou-se Carlos Matus, falecido em 1998, que foi ministro do governo Allende (1973) e consultor do Instituto Latino-Americano do Caribe de Planejamento Econômico e Social (Ilpes) e da Comissão Econômica para a América Latina e o Caribe (Cepal).

Matus define o PES como "o cálculo situacional sistemático que relaciona o presente com o futuro e o conhecimento com a ação" (Matus, 1993, p. 19).

Esse planejamento considera estratégicas as relações de poder entre os diversos atores sociais envolvidos no processo, ou seja, incorpora a variável política como determinante para a viabilidade das políticas públicas.

♦ Nos ambientes democráticos, é necessário dar a devida relevância aos aspectos envolvidos nas políticas públicas. ♦

♦ Nas sociedades não democráticas de poder centralizado do século passado, não havia obstáculo na variável política (ações e reações da sociedade às medidas do planejamento normativo) ♦

e, assim, essa variável não apresentava maior relevância para o planejamento. Nas sociedades democráticas atuais, a inclusão dessa variável política proporciona uma vantagem metodológica fundamental, já que ela é parte indissociável dos processos de planejamento e de gestão das políticas governamentais.

Nos ambientes democráticos, é necessário dar a devida relevância aos aspectos envolvidos nas políticas públicas. Cabe salientar também que, nas democracias, os fatores políticos não devem ser vistos como restrições, pelo contrário, são eles que fazem as políticas públicas possíveis.

> Pense a respeito!
>
> O PES aborda o planejamento e a gestão das políticas públicas como um jogo social. O conceito de jogo social diz respeito à situação na qual dois ou mais atores sociais se defrontam e na qual as ações de um afetam os resultados desejados pelo outro.

Esse conceito decorre da TEORIA DOS JOGOS*, que é aplicada nas SITUAÇÕES EM QUE EXISTEM CONFLITOS DE INTERESSES, visando identificar as melhores escolhas para obter o resultado desejado.

A teoria dos jogos aborda as relações humanas com base em modelos de jogos de estratégia e possibilita uma análise lógica dos conflitos. Segundo essa teoria, os participantes do jogo social são atores sociais (pessoas, organizações, grupos de pessoas, um país, um estado, um município, entre outros) que, no jogo social, possuem interesses específicos.

Nas políticas públicas, os atores sociais são todas as pessoas e as organizações envolvidas nos processos de formação e de gestão das políticas públicas. O conceito de ator social reforça o fato de que, nas ciências sociais, ao contrário do que ocorre nas ciências naturais, os objetos de estudo pensam, agem e reagem.

✦ ✦ ✦

* A teoria dos jogos foi concebida em 1912 pelo matemático francês Émile Borel (1871-1956) e trabalhos posteriormente realizados, entre eles os do matemático húngaro naturalizado americano John von Neumann (1903-1957) e do economista australiano Oskar Morgenstern (1902-1976), incorporaram importantes contribuições para a sua utilização na análise do comportamento social e econômico (Fiani, 2004; Gibbons, 1992).

Características do PES

No PES, a realidade social é algo bem mais complexo do que um fenômeno da natureza. Se criar ou decidir sobre o futuro dependesse apenas do domínio do homem sobre a natureza, o problema estaria reduzido apenas à sua dimensão tecnológica.

O planejamento social não se restringe a um mero jogo contra a natureza. Uma erupção vulcânica, por exemplo, independe da vontade do homem. Ele pode até mesmo agir sobre ela e alterá-la "de fora", mas não a produz, está fora dela. Assim, a força da correnteza da lava vulcânica pode até ser dominada pelo homem, mas o homem continuará "fora dela" e nunca poderá ser essa força.

A realidade social é diferente. O homem é parte e fruto dela e, assim como a força da lava vulcânica encontra o seu equivalente nas tendências, o curso seguido pela corrente social que resulta da ação de todos os atores é produzido independentemente da vontade individual de apenas um deles.

Nesse contexto, o planejamento, ou o ato de governar, surge como um conflito entre os homens: o homem indivíduo, que procura objetivos particulares, e o homem coletivo, que busca uma ordem e uma direção societária. Assim, o planejamento e o próprio processo de governar se desenvolvem num meio que é resistente, que se opõe à vontade do interesse coletivo. E tal resistência não provém das forças da natureza, mas, sim, de outros atores humanos, com diferentes visões, objetivos, recursos e poder. Os objetivos dos atores sociais sobre o futuro geralmente são conflitantes, por isso o planejamento e o ato de governar não se fazem num plácido lago, tampouco são comandados pelo cálculo técnico-científico (Matus, 1993).

O PES, como vimos, analisa as situações como um jogo social, uma interação entre os atores, na qual cada um interpreta a realidade de acordo com suas motivações, seus interesses, seus valores etc. Assim, cada ator envolvido produz suas próprias definições para os problemas, as quais podem ser diferentes e até mesmo contraditórias. Esse fato geraria a dificuldade inicial para a criação de um planejamento governamental que fosse capaz de dar conta dos interesses de todos.

Portanto, o PES é uma metodologia situacional, pois lida com uma realidade dinâmica, complexa e cheia de surpresas. É um planejamento em constante reformulação, que não pressupõe um final preestabelecido, com uma forma exata. Para o PES, é possível planejar, mas não é possível prever com absoluta exatidão os resultados, pois a realidade não é estática, está sujeita a imprevistos.

Segundo o PES, nenhum programa pode ser considerado válido até que se tenha chegado ao seu final e a sua avaliação o confirmar como tal. O que é um objetivo plausível no momento da elaboração de um programa pode não mais o ser em poucos meses. Assim, um programa, por mais bem desenhado que tenha sido, deve ser permanentemente avaliado, para que as correções possam ser realizadas e para que ele permaneça o mais possível alinhado na direção dos interesses do seu público-alvo e dos objetivos pretendidos.

No PES, o planejamento persegue antes um objetivo do que o cumprimento de uma série de etapas preestabelecidas e o que se busca no final é estar o mais próximo possível da meta pretendida. A base do PES consiste na rejeição ao determinismo, ao argumento de que as técnicas de planejamento tradicionais, ao terem sido concebidas como fruto das técnicas de projeções econômicas, sob o viés economicista e determinista, não levam em consideração o fato de os sistemas sociais serem criativos. O determinismo só concebe problemas bem estruturados, e a realidade apresenta predominantemente problemas que não são totalmente estruturados (Matus, 1993).

Assim, o resultado de uma política pública não depende apenas do desenho do programa em si, mas também das circunstâncias sociais em que ele opera, que não são totalmente previsíveis e controláveis.

As concepções exploradas tornam-se conclusas em Matus (1993), para o qual as principais característica do PES são:

a. Incorpora a subjetividade humana no processo de planejamento e incentiva a participação dos atores envolvidos na explicação e no entendimento da realidade.
b. Parte do pressuposto de que o futuro é indeterminado e é impossível predizê-lo. O método valoriza previsão, correção e aprendizado, em vez de predições. O programa se desenvolve num ambiente complexo e inseguro e os resultados que o planejador espera não dependem só de suas ações, mas também da eficácia das ações de outros atores envolvidos, das circunstâncias e dos imprevistos.
c. É necessário, para esse método, construir a viabilidade da estratégia. É necessário aproveitar as operações que forem viáveis para construir as operações que momentaneamente não o são. É necessário lidar com os atores relevantes do jogo social e aplicar meios estratégicos para superar as restrições que se apresentarem ao processo.
d. A necessidade de improvisação, até certo limite, deve ser incorporada no processo.

Ainda segundo o autor, o PES apresenta os seguintes princípios:

a. PLANEJA QUEM GOVERNA E GOVERNA QUEM REALMENTE PLANEJA. Esse método elimina a dicotomia existente entre um ator que governa e uma equipe técnica encarregada do planejamento. As diretrizes e a linha de ação são definidas pelo próprio governante segundo prioridades técnicas e políticas. No PES, os técnicos em planejamento devem trabalhar junto com o governante, assessorando-o em cada momento da ação.
b. NÃO TEM UM CARÁTER DETERMINÍSTICO. Os objetivos e as metas não são rígidos. Pressupõe estar atuando em um jogo social, realizando apostas que são feitas com base em benefícios futuros presumidos devido à incerteza do jogo e também à existência de outros jogos sociais que ocorrem simultaneamente e que influem no jogo em que se planeja.

c. O PLANO DEVERÁ CONSIDERAR SEMPRE A EXISTÊNCIA DO OUTRO. Deve considerar também as reações que este apresentará em cada etapa do jogo social, que ocorrem sempre em função de seus valores, crenças e interesses.

d. É NECESSÁRIO MECANISMOS QUE GARANTAM A IMPLEMENTAÇÃO DO PROGRAMA. Isso pode ser feito por um monitoramento permanente da execução do plano. O programa só será terminado quando os resultados estiverem o mais próximo possível dos objetivos propostos.

e. PARA FUNCIONAR, O PROGRAMA NECESSITA DE UM EFETIVO SISTEMA DE COBRANÇA E DE PRESTAÇÃO DE CONTAS. Os envolvidos devem ter as responsabilidades claramente estabelecidas e devem prestar contas de seu desempenho.

Com base nesses princípios, compreendemos que o método de planejamento governamental proposto por Matus incorpora adequadamente as características apresentadas pelos ambientes democráticos da atualidade, o que não ocorre com o planejamento governamental de viés normativo.

4.5 PES e planejamento normativo: realidades antagônicas

O planejamento normativo ou tradicional trabalha com o pressuposto de que o diagnóstico de um problema social é único e válido para toda e qualquer pessoa. Matus (1993) ressalta as limitações do diagnóstico normativo ou tradicional e propõe a incorporação de uma nova categoria: A SITUAÇÃO.

A situação é o resultado da conjugação das expectativas e das leituras diferentes que os diversos envolvidos no processo de formulação de uma política pública fazem da realidade. Esse pressuposto, além de se adequar aos ambientes democráticos, traz ao planejamento melhores condições de alcançar seus objetivos, pois, ao integrar e conformar as expectativas dos vários grupos sociais envolvidos, confere legitimidade à política formulada e propicia maior envolvimento dos participantes (Matus, 1993).

Para identificar a situação, o PES UTILIZA UMA METODOLOGIA DE ENFOQUE NOS PROBLEMAS. "Os governantes trabalham com problemas, a realidade social é repleta de problemas e a população sofre com os problemas da realidade (Matus, 1993)."

O enfoque em problemas é um conceito prático e próprio da realidade, ao passo que o conceito de setores, isto é, a visão de que a realidade é dividida em setores (agricultura, transportes, educação, saúde etc.) utilizados pelo planejamento normativo, é muito genérica e pouco prática, sendo mais apropriado às análises macroeconômicas. A abordagem da realidade por setores não é a adequada para o processo de formulação das políticas públicas, pois o planejamento da realidade lida com problemas, e não com setores (Matus, 1993).

No PES, os problemas, depois de uma averiguação sistematizada, são reconhecidos e interpretados sob as óticas dos atores envolvidos. Então, os problemas encontrados são expostos e processados; suas relações causais são verificadas, levando à identificação de um problema focal ou principal.

Uma solução eficiente para esse problema focal deve atacar as suas causas mais importantes ou críticas. Assim, organizar a gestão governamental para solucionar problemas da sociedade implica incorporar a multissetorialidade e a cooperação entre as organizações governamentais e as não governamentais.

♦ Para identificar a situação, o PES UTILIZA UMA METODOLOGIA DE ENFOQUE NOS PROBLEMAS. ♦

Do ponto de vista dos governos, a gestão deixa de ser por setores e passa a ser por problemas sociais.

O Quadro 4.1, a seguir, apresenta algumas diferenças importantes entre o planejamento normativo e o PES.

Quadro 4.1 – Diferenças entre o planejamento normativo e o PES

	Planejamento normativo	PES
Objeto do programa governamental	A realidade é passiva. O ator que planeja tem controle sobre o objeto planejado.	A realidade é ativa. O objeto do programa governamental é ativo e reage a cada ação. É como um jogo de xadrez, no qual a cada jogada o oponente responde com outra, que pode ser complexa e inesperada.
Diagnóstico que explica a realidade	O diagnóstico é realizado uma única vez e o cenário futuro é projetado com base nesse diagnóstico.	O diagnóstico é substituído pelo conceito de situação. A situação está sempre em mudança e deve ser frequentemente (re)analisada. Cada nova ação na gestão do programa deve ser precedida da análise e avaliação da situação. A ação mais eficaz não depende somente do ator que planeja, mas também dos demais atores e da situação no momento de cada ação.
Modo de conceber o programa	O planejamento tradicional é normativo ou prescritivo. O ator planeja e determina a intervenção a ser realizada e os demais atores envolvidos no processo assimilam passivamente as ações prescritas. Uma vez iniciado o programa, sua estratégia não pode mais ser alterada até o final.	A cada série de movimentos realizados na execução do programa, a situação é (re)analisada para se corrigir sua trajetória no sentido de se aproxima cada vez mais do objetivo pretendido.

(continua)

(Quadro 4.1 – conclusão)

Variável política	O planejamento normativo não dá a importância que a variável política tem nos ambientes democráticos da atualidade. Para o planejamento tradicional existe um permanente conflito entre os aspectos técnicos e os aspectos políticos.	A situação é analisada a cada momento, simulando-se as possíveis ações e reações dos diversos atores envolvidos no processo de planejamento. Para o PES, não existe conflito entre os aspectos técnicos do planejamento e a variável política, pois o planejamento é um instrumento para dar suporte às decisões políticas.
Atores envolvidos no programa	No planejamento tradicional não ocorre uma definição clara dos papéis e não se dá a devida importância à análise dos interesses que movem os diversos atores envolvidos no programa.	Os diversos atores envolvidos têm seus papéis claramente definidos. Os seus interesses específicos são devidamente analisados e incorporados na estratégia do programa.

O planejamento normativo se baseia em diagnósticos estáticos do ambiente e na construção de modelos simplificados da realidade. Assim, geralmente ele não se presta aos complexos ambientes democráticos da atualidade.

♦ Organizar a gestão governamental para solucionar problemas da sociedade implica incorporar a multissetorialidade e a cooperação entre as organizações governamentais e as não governamentais.

♦ O PES, ao contrário, por não ser um modelo determinístico, conta com métodos e técnicas adequados para problemas sociais complexos. Ele admite opositores no processo de planejamento e de gestão das políticas públicas, o que requer a incorporação de estratégias para desmobilizar resistências e conseguir o apoio necessário para a viabilização dos programas. Ele centraliza sua análise, suas propostas e suas ações no conceito de situação presente, com base na hipótese de que, para alterar o futuro, deve-se atuar no presente e incorpora, além dos fatores econômicos e sociais, os relativos ao poder político dos envolvidos na situação. É, portanto, UM MÉTODO DINÂMICO E FLEXÍVEL, apropriado para a realidade complexa da atualidade.

4.6 O PES e os cenários prospectivos

Na globalização econômica, seja das empresas, seja dos territórios (países, regiões, estados, municípios e comunidades), o processo de inclusão depende da capacidade de se vislumbrar os possíveis cenários futuros e de se estabelecerem estratégias para aproveitar oportunidades que surjam e prever e evitar os impactos desfavoráveis.

No passado, o ambiente econômico e social era relativamente estável em praticamente todo o planeta e as mudanças ocorriam lentamente. Atualmente, vivemos uma turbulência tecnológica, econômica e social que não permite aos governos e às empresas realizarem previsões por meio da projeção de tendências, como era feito no passado. Hoje, as técnicas de planejamento se baseiam em cenários prospectivos e oferecem uma metodologia mais flexível para estratégias de políticas públicas.

Os modelos e as técnicas de planejamento governamental normativo, de relativo sucesso no passado e que não se prestam aos atuais ambientes, baseavam-se em um outro modelo de cenários que eram construídos por projeções econométricas e pelo estabelecimento de metas rigidamente definidas, que dão pouca importância ao contexto do objeto de planejamento.

Os modelos tradicionais de planejamento governamental consideravam o futuro como decorrência direta das ações planejadas e implementadas numa realidade presente. Não levavam em conta o contexto da realidade trabalhada nem consideravam a existência de ações e de reações de atores (pessoas, instituições) atingidos pelas ações, tampouco consideravam outros fatores condicionantes da implementação dessas ações.

Já o modelo de cenários prospectivos do PES procura captar mudanças no processo e no contexto, por isso é melhor para os ambientes da atualidade, repletos de incertezas políticas, sociais, econômicas e tecnológicas.

Para fazer previsões, podemos simplesmente projetar num cenário futuro as características do passado, somadas às "tendências". Atualmente, o complexo ambiente social e econômico está cada vez mais repleto de descontinuidades e também as "tendências" são contrariadas. O futuro não depende somente dos condicionantes do passado e da situação atual, mas também das estratégias que atores sociais relevantes (organizações e pessoas) adotam para viabilizar seus projetos próprios.

A metodologia que utiliza cenários prospectivos conta com descontinuidades e com os efeitos de ações e de reações que os atores envolvidos (pessoas e organizações) numa determinada política pública possam produzir. Nessa metodologia, a estratégia para se aproximar do objetivo desejado é constantemente revista, reformulada e ajustada durante todo o transcorrer do processo em função das alterações no contexto e no ambiente*.

Os modelos tradicionais de planejamento governamental consideravam o futuro como decorrência direta das ações planejadas e implementadas numa realidade presente.

Assim, a construção de cenários prospectivos não é uma previsão da realidade futura realizada por projeções das tendências, mas, sim, a montagem de um quadro que se queira ter para a realidade futura, bastante diferente daquele que é previsto pelas "tendências". Esse "quadro desejado" deverá ser alcançado por meio das ações políticas dos atores interessados por determinados fatores responsáveis pelo desempenho econômico da realidade. Dessa forma, é possível alterar o destino de uma região econômica e socialmente sem grandes perspectivas com ações políticas, por exemplo, atraindo grandes empresas

---

* Por outro lado, as técnicas do planejamento tradicional supõem, equivocadamente, que a ação do ator que planeja é a única que existe ou que importa.

para a região, tornando-a, assim, um polo industrial. Nesse exemplo, as ações políticas podem envolver a alteração ou a criação de uma legislação específica que vise atrair a implantação de determinados empreendimentos privados, a construção de infraestrutura pública, entre outras ações politicamente determinadas.

Figura 4.2 – Modelos projetivo e prospectivo de cenários

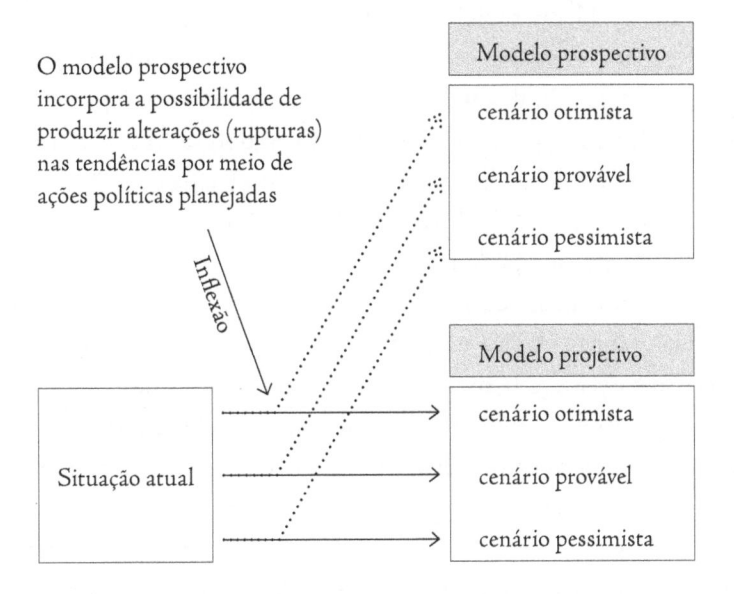

O modelo prospectivo incorpora a possibilidade de produzir alterações (rupturas) nas tendências por meio de ações políticas planejadas

Inflexão

Situação atual

Modelo prospectivo
- cenário otimista
- cenário provável
- cenário pessimista

Modelo projetivo
- cenário otimista
- cenário provável
- cenário pessimista

A Figura 4.2 mostra a diferença entre os modelos projetivo e prospectivo de cenários. Em ambos existem diferentes alternativas de cenários futuros possíveis de serem conquistados (hipóteses pessimista, otimista e mais provável). No entanto, no modelo prospectivo, incorpora-se o "incremento", que é mostrado na Figura 4.2, pela inflexão (ou ruptura) das linhas tendenciais do modelo projetivo. Esse "incremento" decorre de ações políticas planejadas que, no caso do planejamento governamental, podem inclusive alterar leis e demais regras de funcionamento da economia, valendo-se do poder de Estado.

4.7 Problema social

A noção de problema está presente no cotidiano de todas as pessoas. Intuitivamente, todos sabem o que é um problema. Mas o que é um problema para um pode não ser para outro e, ainda, ser uma solução para um terceiro, especialmente quando se trabalha com a ideia de problema social.

Cada problema social é definido de acordo com o ponto de vista das pessoas que o estão formulando e uma mesma realidade pode ter leituras diferentes, dependendo de como se situa o observador ou o formulador em relação ao problema. Os interesses, as motivações e os objetivos de cada sujeito em relação ao problema contribuem para a explicação que este dará para ele, daí a lógica de que o que pode ser problema para uns pode não ser para outros. Por exemplo: a inexistência de um adequado serviço de transporte coletivo entre o centro de uma grande cidade e o aeroporto é um problema para os usuários, mas não o é para os taxistas que fornecem esse serviço.

Os governos existem para dar solução aos problemas da sociedade e os instrumentos de que dispõem para isso são as políticas públicas.

PROBLEMA SOCIAL é o objeto central de uma política pública. Um problema social compreende principalmente a disfunção no funcionamento de uma sociedade como, por exemplo, a alta taxa de mortalidade, o alto índice de violência urbana, a evasão escolar, a falta de um determinado serviço público essencial, entre inúmeras outras. No entanto, um problema social pode compreender, além de disfunções, outras demandas, como a exploração de uma potencialidade econômica que seja reivindicada pela população, por exemplo, a criação de infraestrutura para o aproveitamento de um potencial turístico de um município.

> Pense a respeito!
>
> A correta formulação de um problema social é a condição essencial para que se tenha êxito na sua solução ou no seu mitigamento.

A formulação ou a descrição de um problema social é sempre passível de expressar inadequadamente pontos de vista, preferências ou interesses daqueles que os estão descrevendo ou declarando. Por essa razão, devem ser descritos sustentados em fatos verificáveis, os quais precisam ter sua existência amplamente aceita para que possam ser reconhecidos e validados por uma ampla maioria.

Os problemas sociais são produzidos pelos homens; as possibilidades de solução são múltiplas e dependem dos atores sociais envolvidos. Tais problemas apresentam grande dificuldade de delimitação, sua explicação é sempre relativa a quem o descreve e as medidas necessárias para a sua solução raramente são consensuais (Matus, 1993).

Esses problemas são diferentes de problemas matemáticos. A solução de um problema matemático é sempre única e inquestionável. Os problemas sociais não são da mesma natureza, suas soluções normalmente não são únicas nem aceitas por todos. É fundamental percebermos essas diferenças para o processo de formulação e de gestão das políticas públicas.

> **Pense a respeito!**
>
> A assimilação de um problema social envolve, em razão dos aspectos de subjetividade descritos, a necessidade de uma sólida fundamentação estatística. É necessário que existam evidências concretas que demonstrem, de forma irrefutável, para todos que o problema é real, e não resultante apenas da opinião de uma ou de poucas pessoas, mesmo porque, como já foi salientado anteriormente, as pessoas tendem a colocar seus interesses, suas preferências e sua visão pessoal da realidade no diagnóstico do problema analisado.

Assim, por exemplo, um problema social como a alta taxa de mortalidade infantil de um município deve ser diagnosticado e demonstrado por indicadores adequados. Esse problema deve ser comparado com as taxas recomendadas pelas organizações mundiais de saúde, com as taxas de outros municípios, com as taxas médias do estado e do país etc.

Uma vez identificado um problema social, é necessário um diagnóstico sobre suas causas para que sejam adotadas medidas a fim de eliminá-las. Tanto o diagnóstico quanto as soluções ou as medidas preconizadas para a correção do problema podem, em certos casos, ser simples e, em outros, bastante complexos.

Se tomarmos como exemplo de problema a interrupção do acesso de veículos a um determinado local ocasionada pela queda de uma ponte, o diagnóstico e a ação corretiva correspondente são bastante simples: a causa da interrupção é a queda da ponte e a ação corretiva é a reconstrução desta.

A maioria dos problemas que a realidade apresenta não tem, no entanto, a simplicidade do diagnóstico e da solução do exemplo anterior. O desemprego, a inflação, a violência urbana, a alta taxa de mortalidade infantil, entre outros, são problemas de difícil diagnóstico e de solução igualmente complexa.

No que tange à complexidade do seu diagnóstico e da sua respectiva solução, os problemas sociais podem se apresentar de quatro formas:

- a. Diagnóstico e solução simples. Ex.: acesso rodoviário interrompido pela queda de uma ponte. A causa é a queda da ponte e a solução é a sua reconstrução.
- b. Diagnóstico simples, mas solução complexa. Ex.: elevado contingente de pessoas desempregadas. As causas do problema são fáceis de serem identificadas, mas a sua solução é de extrema complexidade.
- c. Diagnóstico complexo, mas solução simples. Ex.: infiltração de água numa edificação. As causas da infiltração podem ser difíceis de serem encontradas, no entanto, uma vez localizadas, a solução do problema é simples.
- d. Diagnóstico e solução complexos. Ex.: elevado número de suicídios. As causas são difíceis de serem identificadas e a solução de tal problema é igualmente complexa.

O fator tempo tende a ter forte influência no aumento da complexidade dos problemas sociais. Em outras palavras, quanto antes for iniciado o combate ao problema, mais simples poderá ser a sua solução. Analogamente a uma doença, os problemas econômicos e sociais tendem a se tornar mais complexos em decorrência da postergação de suas soluções.

Podemos verificar a importância desse fator no exemplo que o documento Subsídios para a Elaboração do PPA 2008-2011 nos mostra:

> A conservação de uma estrada pavimentada pode custar ao governo (e à sociedade) até 400 vezes mais, caso não se realize a manutenção no momento adequado. Se as medidas corretivas forem realizadas quando aparecerem os primeiros desgastes da camada de asfalto e ainda não tenha ocorrido infiltração de águas das chuvas que destrua a base sobre a qual a camada de asfalto é depositada, essa conservação pode ter um custo médio de R$ 2.500 por quilômetro. Caso a decisão de realizar a recuperação se inicie após a ocorrência de infiltração e destruição da base, a recuperação da mesma rodovia pode vir a custar entre R$ 400 mil e R$ 1 milhão por quilômetro. (Paraná, 2008, p. 52-53)

O alto custo social de postergação no enfrentamento dos problemas sociais, mostrado no exemplo da conservação rodoviária, não é incomum na administração pública brasileira em muitos outros casos e mostra a importância da racionalidade por parte dos governos na gestão dos problemas sociais.

Assim, devemos dar a devida atenção aos problemas sociais – baseada no suporte proporcionado pela ciência e pela técnica – para que possam ser mais eficazmente enfrentados pelos governos. O equívoco mais frequente ao qual os problemas sociais estão submetidos no planejamento governamental é o de serem tratados pelos métodos utilizados na resolução dos problemas matemáticos. É necessária a percepção de que os problemas sociais são diferentes dos matemáticos. Tal distinção pode ser percebida pelos conceitos de problemas estruturados e problemas parcialmente estruturados. Esses conceitos são propostos por Matus (1993), e o entendimento sobre eles é fundamental na identificação e na análise dos problemas de uma sociedade.

Problema estruturado

Conforme Matus (1993), problema estruturado é aquele que tem uma única solução correta, reconhecida e aceita como tal. É aquele em que todas as variáveis que o compõem e as relações entre elas são conhecidas. As regras que configuram o sistema gerador do problema e as relações do homem com ele são precisas, claras, invariáveis e predeterminadas. O homem está fora do problema e mantém relação com este apenas para resolvê-lo e, a partir de regras predeterminadas, resolve-o de fora. A solução não gera outros problemas relacionados a ele ou a seu solucionador. As fronteiras do problema e do sistema que o gera estão perfeitamente definidas. Não existem dúvidas sobre onde começa e onde termina cada coisa.

> As regras do sistema explicitam ou contêm implicitamente os conceitos (possibilidades e restrições) pertinentes à solução do problema. O problema está isolado de outros e, caso configurem uma sequência, cada solução não afeta a conclusão dos problemas seguintes. As variáveis que constituem o problema estão dadas, são enumeráveis, conhecidas e finitas. Qualidade e quantidade não se combinam, no âmbito dos problemas bem estruturados. O problema se situa em um ou em outro domínio (Matus, 1993).

O problema estruturado apresenta um desafio estritamente técnico científico: todas as variáveis que o compõem e as relações que existem entre elas são conhecidas e, o que é mais importante, a solução de um problema estruturado é sempre única e reconhecida por todos. Exemplos de problemas estruturados são os matemáticos: se a questão é saber quanto tempo de viagem um carro, à velocidade média de 100 km/h, leva para se deslocar da cidade A até a cidade B, distantes 600 km uma da outra, a solução fica reduzida a uma equação cujas variáveis e as relações são conhecidas. Nesse exemplo, o tempo = distância/velocidade média = 600/100 = 6 horas.

Problema parcialmente estruturado

Esse tipo de problema significa, também, problema quase estruturado, problema mais ou menos estruturado ou problema deficientemente estruturado.

É o tipo de problema que não podemos definir nem explicar com precisão, por isso não se sabe bem como enfrentá-lo e, muito menos, são conhecidos os critérios para escolher as opções para enfrentá-lo (Matus, 1993).

Nos problemas parcialmente estruturados, não conseguimos conhecer completamente todas as variáveis ou as causas neles envolvidas. Tampouco é possível conhecer completamente todas as relações que existem entre essas variáveis ou causas e, consequentemente, a sua solução não é sempre exata, única e necessariamente reconhecida por todos.

As possibilidades de solução de um problema parcialmente estruturado são criadas pelos homens e existem em número muito grande. O problema coloca um desafio múltiplo, que abrange sempre o âmbito sociopolítico, ainda que tenha uma dimensão técnica. Qualidade e quantidade são categorias inseparáveis nesse tipo de problema. O problema está entrelaçado sincronicamente com outros e a solução de um cria possibilidades ou dificuldades para a solução de outros. O problema está determinado por regras que não são precisas, invariáveis ou iguais para todos. O homem cria e altera as regras, está dentro do problema e, a partir daí, conhece-o e explica-o, mas sem rigor absoluto. A eficácia de uma solução é discutível ou relativa aos problemas subsequentes. As fronteiras do problema e do sistema que o gera são difusas, imprecisas. A sua solução é situacional, o que quer dizer que é discutível segundo os interesses e as posições dos diversos atores envolvidos.

Os problemas sociais são quase sempre parcialmente estruturados. Um problema parcialmente estruturado pode até conter, como elementos parciais, problemas estruturados. No entanto, os problemas completamente estruturados são pouco frequentes na realidade social.

Transpondo para a análise na esfera do planejamento tradicional (normativo), observamos o equívoco que é pressupor operar sempre com problemas estruturados, e a maioria dos problemas sociais não o são. Já na esfera do planejamento pelo método PES, um problema é o resultado do jogo para um ator social sempre que este o declare insatisfatório e inevitável. Um problema começa a ser objeto de atenção de um ator social pelo mal-estar que produz ou pelas oportunidades que oferece.

Diagnóstico e causas de um problema social

O conceito generalizado de diagnóstico é o conjunto de procedimentos que visa procurar as principais causas de um problema. Causa, por sua vez, é geralmente conceituada como uma entre várias condições que, em conjunto, concorrem para a existência de um determinado problema.

Podemos entender melhor a complexidade do diagnóstico de um problema social se o compararmos com os problemas estruturados das ciências naturais, cujo diagnóstico se faz pela via da observação e das experimentações devido à sua característica exata ou matemática.

Para Christian Laville e Jean Dionne (1999, p. 41),, "o diagnóstico de um problema social é muitíssimo mais complexo que o de um problema das ciências naturais. Os fenômenos humanos repousam sobre a multicausalidade, ou seja, sobre um encadeamento de fatores, de natureza e de peso variáveis, que se conjugam e interagem". Esse diagnóstico traz dificuldades que não ocorrem nos problemas estruturados das ciências naturais, pois o problema social tende a incorporar no diagnóstico as preferências, os valores e os conhecimentos específicos de quem o analisa.

Além disso, os objetos das ciências naturais se comportam sempre de forma previsível. Por exemplo, uma determinada experiência pode ser repetida sempre produzindo os mesmos resultados para todo e qualquer experimentador. Os objetos das ciências humanas não se comportam da mesma maneira, pois incluem o homem, e o comportamento humano não se manifesta segundo regras precisas e invariáveis.

> Os problemas sociais são quase sempre parcialmente estruturados.

Vejamos como proceder ao diagnóstico para compreender as causas de um problema social que é a evasão escolar:

a. Devemos começar o diagnóstico dimensionando o problema. Quantos alunos evadiram e quando o fizeram? Existem diferenças significativas na proporção de meninos e meninas entre os alunos evadidos? Os alunos evadidos tinham desempenho escolar pior do que os não evadidos? Analisar essas características, porém, não é o suficiente para uma compreensão mais adequada.

b. Procuramos, então, as circunstâncias nas quais o fenômeno da evasão escolar se insere e que contribuem um pouco mais para o seu entendimento. Por exemplo: De qual meio social provêm os alunos evadidos? Quais são suas condições econômicas? Esses alunos precisam trabalhar? Qual o grau de escolaridade de seus pais? Essas observações de natureza objetiva contribuem para saber um pouco mais sobre o problema, mas ainda são insuficientes.

c. Incorporando certos aspectos subjetivos, aumentamos a compreensão do problema. Como os alunos evadidos percebem sua situação? Quais são suas ambições futuras? Que ideias têm do estudo? Que valores possuem? Que imagem fazem de si mesmos e de sua capacidade de aprendizado? Qual o significado de fracasso profissional para eles?

Com a análise de aspectos subjetivos como os que vimos aqui é possível ampliar o entendimento das causas que determinam o problema (Laville; Dionne, 1999).

Nos problemas sociais, o objeto de pesquisa é dotado de liberdade e de consciência. A realidade dos fatos humanos necessita, para um entendimento mais claro, que os múltiplos elementos que a compõem sejam considerados. Assim, o diagnóstico de um problema social pode, com alguma propriedade, definir tendências (Laville; Dionne, 1999). No caso da evasão escolar, concluimos que em tais circunstâncias ela tenderá a decrescer.

Determinação do problema focal

Uma identificação precisa, uma delimitação suficientemente clara e a correta enunciação do problema social em questão são algumas das condições essenciais para termos sucesso no seu enfrentamento por meio de uma política pública. Denomina-se *problema focal* o problema social que foi assim tratado e que passará a ser objeto de uma política pública na forma de um programa governamental.

Os problemas sociais se apresentam frequentemente como uma teia complexa de relações de causa-efeito, na qual problemas geram outros problemas. Uma dificuldade ao se analisar um determinado problema social é saber distinguir o que é CAUSA e o que é EFEITO. Até que procedamos a essa ordenação, tudo o que se possui é uma "coleção de problemas". Somente após encadeá-los em RELAÇÕES DE CAUSA-EFEITO é que passarão a existir um problema focal e as causas que concorrem para a existência deste. O encadeamento causa-efeito é realizado colocando-se os diversos problemas inter-relacionados entre si no eixo do tempo: a causa antecede o efeito.

Exemplo: o baixo rendimento escolar, o desemprego, a insegurança urbana, a baixa escolaridade da população, a nutrição insuficiente e a evasão escolar são problemas sociais. Mas quais deles são causas e quais são efeitos? A análise temporal dos problemas citados levará à seguinte ordem mais provável: nutrição insuficiente é uma das razões do baixo rendimento escolar, que é uma das causas da evasão escolar, que, por sua vez, é causa da baixa escolaridade da população, que é uma das causas do desemprego, que é uma das causas da insegurança urbana. Nesse exemplo, a insegurança urbana assume a condição de problema focal, enquanto os demais "problemas" passam a ser as causas do problema focal.

Causas responsáveis e causas críticas

A distinção mais importante no diagnóstico de um problema social é a identificação, dentro de um amplo conjunto de causas responsáveis, de quais são as causas que devem ser consideradas críticas na situação. Em outras palavras, quais as causas que, se enfrentadas, vão produzir o maior impacto possível sobre o problema, no sentido da sua solução ou da sua mitigação. Essa deve ser a preocupação central no processo de formulação das políticas públicas.

Por exemplo: para um problema como o da alta taxa de mortalidade infantil de um município, as causas identificadas como responsáveis podem chegar a 10, 20 ou mais. No entanto, em um programa governamental que objetive reduzir a alta taxa de mortalidade, em face dos recursos orçamentários serem naturalmente limitados, não é possível, tampouco é racional do ponto de vista custo-benefício, elaborar ações para enfrentar todas as 10, 20 ou mais causas responsáveis.

♦ Os problemas sociais se apresentam frequentemente como uma teia complexa de relações de causa-efeito, na qual problemas geram outros problemas. ♦

> **Pense a respeito!**
>
> Devemos, portanto, selecionar entre todas as causas listadas como responsáveis pelo problema apenas aquelas que participam com alto grau de influência imediata sobre o problema (as causas que podem ser consideradas como críticas), ou seja, um conjunto mínimo de causas que, se eliminadas ou mitigadas pelas ações do programa, produzam um impacto positivo significativo em relação ao objetivo pretendido.

Voltando ao exemplo anterior, podemos conceber que o baixo nível de escolaridade das mães é uma das causas responsáveis pela alta taxa de mortalidade infantil. No entanto, não é uma das causas "críticas" nesse problema, como podem ser, por exemplo, a falta de assistência pré e pós-parto e a deficiente nutrição das gestantes carentes*.

Distinguir o grau de criticidade de cada uma das diferentes causas envolvidas em um problema social é o aspecto mais complexo e importante nos diagnósticos. Isso fica mais claro no exemplo do problema de elevado desemprego. Suponhamos que foram diagnosticadas as seguintes causas como responsáveis:

a. inexistência de ofertas de postos de trabalho;
b. baixo nível de qualificação da mão de obra;
c. legislação trabalhista inadequada;
d. hábitos culturais que impedem uma maior qualidade da mão de obra existente.

É perceptível que as causas "a" e "c" são mais críticas do que as causas "b" e "d". Analisando a causa "a", por exemplo, pode-se verificar

◆ ◆ ◆

* Ainda que o baixo nível de escolaridade possa ser uma importante causa que esteja na raiz do problema em questão e que não deve deixar de ser enfrentada quando existirem recursos suficientes, as causas críticas devem ser sempre enfrentadas primeiramente, seja pela razão de produzirem o efeito mais rápido e direto sobre o problema, seja pela necessidade de se alcançar o melhor resultado diante das limitações dos recursos orçamentários disponíveis.

que a inexistência de ofertas de postos de trabalho é uma causa mais crítica no caso do problema de elevado desemprego do que a falta de qualificação dos trabalhadores. A solução dessa última pode não provocar qualquer mudança numa situação em que não há oferta de postos de trabalho, independentemente de a mão de obra ser ou não adequadamente qualificada.

Nesse exemplo de problema e para a maioria dos problemas sociais complexos, a eficácia no alcance dos objetivos pelas políticas públicas depende fundamentalmente dessa distinção.

PES: *diagnóstico e solução do problema focal*

Para realizar o diagnóstico de um problema social, é necessário percorrer vários itens:

a. DESCREVER O PROBLEMA conforme as perspectivas dos principais atores envolvidos no processo de trabalho, ou seja, listar como cada um percebe o problema. Isso envolve não só formuladores e implementadores, mas também os *stakeholders* – pessoas envolvidas numa política ou por ela interessadas. É fundamental também que o problema seja descrito pelos indivíduos afetados por ele. Outro aspecto a ser considerado é que os pontos de vista dos homens podem ser diferentes dos das mulheres, sendo que os pontos de vista de ambos os sexos devem ser incorporados;

b. ANALISAR O PROBLEMA segundo as diversas percepções dos atores participantes;

c. ANALISAR A COMPLEMENTARIDADE e/ou a contradição entre as diversas perspectivas;

d. REUNIR AS DISTINTAS INTERPRETAÇÕES ou perspectivas em um só significado, ou seja, reuni-las em um único problema focal que melhor represente a percepção que o conjunto dos atores participantes do processo de trabalho tem do problema;

e. DELIMITAR O PROBLEMA de forma a permitir o seu monitoramento e o acompanhamento da sua evolução por meio de indicadores claros após o início da implementação da política pública destinada ao seu enfrentamento. Por exemplo: 50% da população urbana municipal não têm acesso à água tratada. Objetiva-se reduzir esse porcentual para 30% no ano I, para 10% no ano II e para 0% no ano III, de forma a se ter 100% da população urbana com acesso à água tratada ao final do programa. É importante ter o indicador de referência no início do programa que, neste exemplo, é 50%;

f. IDENTIFICAR, principalmente por meio de informações estatísticas e de natureza irrefutável, OS PRINCIPAIS FATOS que evidenciam e delimitam a existência do problema. Por exemplo: dados estatísticos da Companhia Municipal de Saneamento mostram que apenas 50% dos domicílios residenciais estão ligados à rede de abastecimento de água. Como a população urbana está distribuída de forma homogênea pelas unidades residenciais, 50% dos habitantes urbanos não têm acesso à água tratada;

g. RELACIONAR AS CAUSAS que concorrem para a existência do problema, valendo-se do processo de causa-efeito para análise e ordenação das causas;

h. IDENTIFICAR AS CONSEQUÊNCIAS (efeitos) que o problema em questão produz na sociedade;

i. SELECIONAR, entre as diversas causas identificadas, quais são AS CAUSAS CRÍTICAS que, se enfrentadas, vão produzir o maior impacto possível sobre o problema na sua solução ou mitigação;

j. As CAUSAS CRÍTICAS serão os objetos potenciais para as ações governamentais que comporão o programa ou política pública.

Tendo sido realizado o diagnóstico e identificadas as causas críticas, estabelecemos as ações governamentais necessárias para eliminar cada uma das causas críticas e, consequentemente, solucionar o problema.

Esse conjunto de ações constitui os **projetos** ou as atividades da política pública, ou seja, do programa governamental destinado a solucionar ou mitigar o problema social em questão (Figura 4.3).

> Instrumento de programação, ou seja, uma ação, para alcançar o objetivo de um programa, envolvendo um conjunto de operações, limitadas no tempo.

Figura 4.3 – Problema e programa

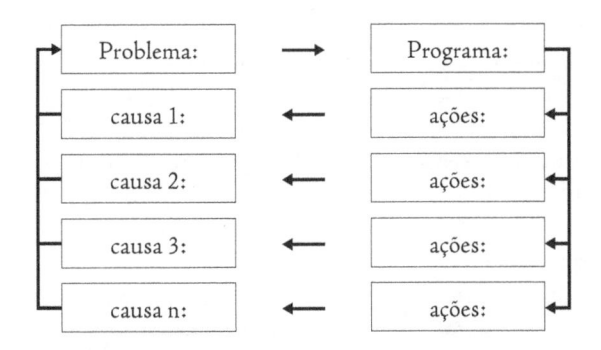

```
┌─▶ Problema:     ──▶  Programa:  ─┐
│                                   │
├─  causa 1:      ◀──  ações:     ◀┤
│                                   │
├─  causa 2:      ◀──  ações:     ◀┤
│                                   │
├─  causa 3:      ◀──  ações:     ◀┤
│                                   │
└─  causa n:      ◀──  ações:     ◀┘
```

Por exemplo, se constatarmos que as causas críticas do problema da alta taxa de mortalidade infantil num determinado município são: 1) falta de saneamento básico; 2) falta de assistência pré e pós-parto; e 3) desnutrição das gestantes carentes, as ações que resolveriam ou reduziriam (mitigariam) o problema seriam: a) canalização de determinada quantidade de esgotos a céu aberto; b) acompanhamento/atendimento pré e pós-parto das gestantes carentes; e c) distribuição de cestas básicas para as gestantes carentes. Essas três ações seriam os projetos que constituiriam o programa governamental de combate à alta taxa de mortalidade infantil no município (Figura 4.4).

Assim, o enfoque do PES na problematização da realidade permite a construção de um modelo de planejamento bastante simples e muito efetivo para o enfrentamento dos problemas sociais.

Como um problema social é sempre decorrente de um conjunto de causas, é necessário DIAGNOSTICAR (identificar) as CAUSAS CRÍTICAS

E ELIMINÁ-LAS por meio de ações governamentais. Uma vez removidas as causas consideradas críticas, o problema deverá estar solucionado ou mitigado.

Figura 4.4 – *Alta taxa de mortalidade infantil: as causas críticas e as ações necessárias*

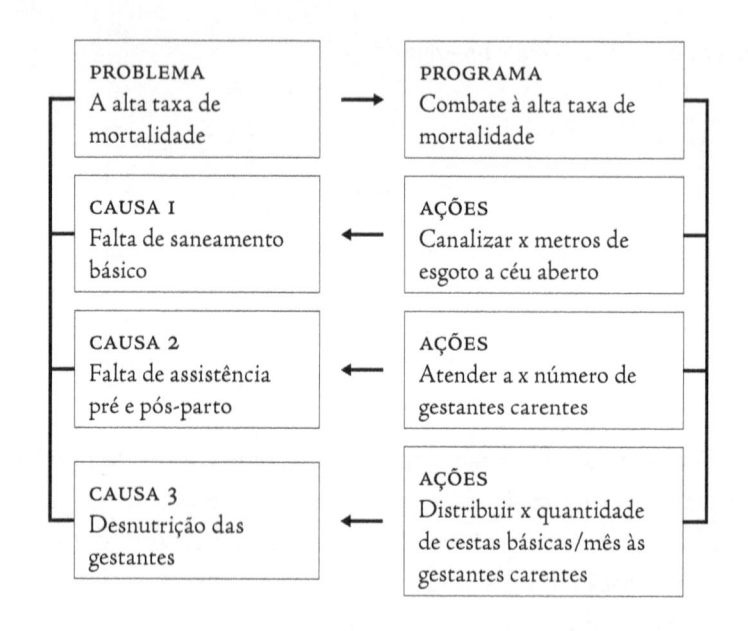

PROBLEMA A alta taxa de mortalidade	→	PROGRAMA Combate à alta taxa de mortalidade
CAUSA 1 Falta de saneamento básico	←	AÇÕES Canalizar x metros de esgoto a céu aberto
CAUSA 2 Falta de assistência pré e pós-parto	←	AÇÕES Atender a x número de gestantes carentes
CAUSA 3 Desnutrição das gestantes	←	AÇÕES Distribuir x quantidade de cestas básicas/mês às gestantes carentes

Aspectos que devem ser observados na formulação de um problema social

Ao formular um problema para ser objeto de um programa governamental, devemos observar os seguintes aspectos, visando à maior qualidade da política pública:

> a. *Os problemas devem ser declarados para as situações existentes na sociedade, e não para os interesses da instituição governamental que os formulam.*

Os órgãos governamentais existem para atender às demandas e aos problemas existentes na sociedade, e não aos seus interesses corporativos ou aos interesses de seus administradores temporários. Os problemas NÃO DEVEM SER IDENTIFICADOS E FORMULADOS sob a perspectiva das necessidades e dos INTERESSES de administradores ou de órgãos governamentais. A formulação e a execução de atividades de qualquer órgão do Estado devem estar condicionadas aos aspectos da legalidade e da legitimidade sob a ótica do interesse público.

 b. Os problemas devem ser formulados de forma suficientemente clara.

 Uma adequada formulação do problema a enfrentar é um ponto crucial, pois levará ao desenho do programa que tentará solucioná-lo. Não é adequado definir um problema com uma simples descrição da situação na qual se deseja intervir. Um PROGRAMA GOVERNAMENTAL necessita de uma definição mais operativa para o problema, deixando suficientemente claro o caminho que deve ser percorrido entre a SITUAÇÃO EXISTENTE e a SITUAÇÃO DESEJADA. Problemas sociais formulados de maneira imprecisa não possibilitam o estabelecimento de um objetivo concreto a ser alcançado; levam a imprecisões na identificação de suas causas e das ações necessárias para atacar essas causas e dificultam a identificação do público-alvo que deverá receber os produtos (bens e serviços) gerados pelas ações do programa.

 c. Os problemas devem ser passíveis de comprovação.

 É fundamental que o problema escolhido para uma política pública possa ser sustentado por evidências concretas, preferencialmente estatísticas. UM PROBLEMA que será objeto de uma política pública NÃO PODE SER ESCOLHIDO COM BASE EM IMPRESSÕES INDIVIDUAIS, sejam dos formuladores, sejam do próprio chefe do Poder Executivo.

 Cada pessoa interpreta a realidade conforme suas preferências, seus valores, seus interesses e seu conhecimento específico acerca do que é objeto de análise. O que é problema prioritário para uns pode não ser para outros ou para o conjunto da sociedade. É necessário que existam evidências incontestáveis que permitam demonstrar e/ou convencer toda e qualquer pessoa de que o problema existe e é relevante. Nesse caso, os dados estatísticos tendem a se constituir em argumentos fortes ou mesmo irrefutáveis. É necessário também analisar o problema em questão de forma contextualizada, ou seja, comparando-o em relação a outros problemas existentes no município, comparando sua dimensão (índices, taxas) em relação a referenciais pertinentes, como a situação existente em outros municípios, com a média da região, com a média do estado, com a média do país ou, ainda, com as recomendações de instituições multilaterais de cooperação para o desenvolvimento, como a Organização das Nações Unidas (ONU).

d. *Os problemas devem ser formulados como uma situação indesejável.*

Normalmente, são usadas EXPRESSÕES INADEQUADAS para se referir a problemas sociais, por exemplo: *"a questão da saúde pública"*, *"a segurança pública"* etc. Saúde pública ou segurança pública não são problemas. São problemas, sim, as péssimas condições dos serviços de saúde pública ou a falta de segurança pública (estão adequadamente formulados como situações negativas ou indesejáveis).

Da mesma forma, não é correto formular um problema como gastos de energia elétrica. Podem estar ocorrendo gastos de energia elétrica, mas esta pode estar sendo bem utilizada. A forma adequada é se referir ao problema como "desperdício de energia elétrica".

Esses cuidados são necessários para uma adequada formulação dos problemas sociais. Um problema inadequadamente formulado pode até mesmo atingir o seu objetivo estabelecido e não resolver e/ou mitigar a situação que motivou a sua formulação, como no exemplo dos "gastos elevados com energia elétrica". Na indústria, por exemplo, podemos atingir o objetivo de redução do nível de consumo diminuindo o número de horas de funcionamento e/ou a produção industrial e continuar havendo desperdícios de energia elétrica pelo uso inadequado, pela existência de equipamentos tecnologicamente defasados e excessivamente consumidores de energia, entre outras causas.

e. *Os problemas não devem ser formulados de
modo a induzir ou a obrigar uma solução específica.*

Na formulação do problema, NÃO DEVEMOS INDUZIR OU OBRIGAR a uma medida específica a ser tomada. Por exemplo: se o problema for a inexistência de uma ferramenta informatizada para realizar o monitoramento de um programa, não se deve formular esse problema como "inexistência da ferramenta informatizada X da empresa Y para monitorar projetos". Podem existir outras ferramentas informatizadas para realizar esse monitoramento ou de outras empresas a custo menor e/ou com desempenho superior.

f. *Os problemas devem refletir rigorosamente o
"cerne" da situação que se quer solucionar ou mitigar.*

A formulação do problema central deve ser feita de forma CLARA e OBJETIVA. Se a "má qualidade dos serviços de coleta de lixo de uma cidade" for apontada como o problema central, não se deve formular o problema de forma abrangente, como, por exemplo, "má qualidade de vida na cidade". Essa incorreta formulação certamente originaria um diagnóstico em que haveria causas não relacionadas de forma direta e objetiva com o problema. Isso acabaria por criar expectativas exageradas e, possivelmente, além das reais possibilidades para enfrentar o problema, frustrando a população.

g. *Os problemas devem estar ao alcance
dos instrumentos disponíveis para enfrentá-los.*

Tanto na escolha do problema quanto na formulação das ações que serão implementadas para mitigá-lo ou solucioná-lo, devemos dar atenção a um aspecto primordial: verificar se na esfera governamental em que o problema será enfrentado existem os instrumentos necessários para tanto.

Disso podemos concluir também que de nada adianta construir um diagnóstico "exaustivo e completo" para uma situação-problema se ela não puder ser operada em face da sua grande complexidade ou do seu alto custo financeiro.

Por exemplo: se o problema do desemprego for escolhido para ser enfrentado por um município e o diagnóstico realizado sobre as causas críticas indicar que uma delas é a atual legislação trabalhista do país, que não estimula as empresas a contratar mão de obra, se for necessário alterar a legislação isso não está ao alcance do município.

A inobservância desse aspecto leva, frequentemente, ao enfrentamento de problemas para os quais muito pouco ou quase nada se obtém em termos de resultados concretos. Em certas situações, pode ser mais racional deixar um problema importante, mas para o qual não se dispõe de instrumentos suficientes para mitigá-lo, fora das escolhas e destinar os naturalmente escassos recursos governamentais disponíveis para atacar um outro problema que seja passível de solução, mesmo que de importância menor em relação ao outro.

A relação custo-benefício do problema solucionado será mais favorável se comparada à relação de problemas dos quais não se obtêm resultados expressivos por não se possuir os instrumentos suficientes para mitigá-los.

Não pretendemos, com esse exemplo, desestimular o enfrentamento dos problemas sociais mais relevantes no nível da esfera municipal, mas, sim, alertar para a necessidade de melhor delimitar e diagnosticar os problemas que passarão a ser objeto das políticas públicas diante da realidade representada pelos instrumentos de política existentes em cada uma das esferas de governo.

Podemos ver um exemplo de como melhor delimitar e diagnosticar um problema da natureza de complexidade do desemprego levando em conta os instrumentos disponíveis em um município para enfrentá-lo, no seguinte caso: realiza-se primeiramente um levantamento nas principais empresas empregadoras sobre a quantidade de vagas existentes ou potenciais e sobre a qualificação requerida por elas para o seu preenchimento.

Tendo como referência esse diagnóstico suficientemente objetivo, podemos criar, até mesmo com a participação das próprias empresas demandadoras, um programa destinado à qualificação de trabalhadores para atender especificamente ao perfil requerido pelas empresas e norteado pelo número de postos de trabalho potencialmente existentes.

Os objetivos principais quando da descrição de um problema social podem ser assim sintetizados:

a. as diversas interpretações que os atores participantes do processo de formulação têm do problema devem estar reunidas em um único significado ou problema focal;
b. o problema deve ter o seu significado definido em termos de quantidade, qualidade, tempo e localização;
c. o problema deve ser formulado de maneira a permitir ser monitorável e avaliável durante sua execução;
d. o problema deve ser formulado como uma condição negativa passível de ser modificada ou mitigada (problema não é ausência de solução, e, sim, um estado negativo, uma discrepância entre a situação existente e a desejável);
e. o problema deve ser formulado da maneira mais precisa e concisa possível, para evitar interpretações conflitantes.

Conforme salientamos e concluímos nos itens anteriores, a correta e adequada formulação do problema social que será objeto de uma política pública é uma condição necessária para seu êxito.

4.8 Um marco conceitual para a formulação e a gestão das políticas públicas

Uma dificuldade que encontramos com frequência nos ambientes em que se trabalham políticas públicas está relacionada ao entendimento que os diversos atores participantes (os técnicos, os assessores políticos, o chefe do Poder Executivo, os empresários, os representantes da comunidade, a população etc.) têm dos conceitos envolvidos.

Conceitos como política, plano, projeto, programa, ações, produtos, atividades, componentes, metas, subprogramas, tarefas, objetivos, resultados a alcançar, entre outros, são usados de formas diversas e imprecisas.

Embora possamos nos valer de diferentes conjuntos coerentes de conceitos para tratar de um mesmo objeto, não é possível utilizar conceitos de conjuntos diferentes para tratar de um mesmo objeto. Por exemplo: no âmbito dos organismos multilaterais de cooperação internacional, o projeto é a maior unidade de agregação para a intervenção, sendo, por sua vez, constituído por componentes. Os componentes são constituídos por subcomponentes etc. Já em ambientes que utilizam outros conjuntos coerentes de conceitos, o plano pode ser a maior unidade de agregação e ser constituído por um conjunto de programas; em outros ambientes, o programa pode ser a maior unidade de agregação, e assim por diante.

O que é necessário é que, em um mesmo ambiente ou instituição, seja utilizado um único conjunto coerente de conceitos* e de métodos, ou seja, é preciso que exista uma única linguagem entre os vários atores.

♦ ♦ ♦

* Os conceitos constituem o conhecimento sobre os seres e os objetos. O conceito tem uma função de categorização. Isso quer dizer que ele permite falar de um mesmo objeto para diferentes níveis de generalidade. Trata-se de uma entidade cognitiva de base que permite associar um sentido às palavras utilizadas. Não é possível a comunicação sem o uso de conceitos.

Torna-se extremamente complexo o trabalho em um grupo de pessoas que têm conceitos diferentes para um mesmo objeto. Por exemplo: uma pessoa pode entender como um programa o mesmo objeto que outra entende como um projeto e que uma terceira entende como uma política.

Assim, é importante para a integração e para a melhoria da qualidade das políticas públicas no país que, na União e em todas as suas unidades federadas, fale-se a mesma linguagem. Para tanto, é necessário que os ambientes das três esferas de governo no Brasil utilizem o mesmo conjunto de métodos e conceitos.

O Decreto Presidencial nº 2.829/1998 (Brasil, 1998a) e a Portaria nº 42 MOG/1999 (Brasil, 1998a), que normatiza os instrumentos legais de planejamento e orçamento no Brasil, os PPA, as LDO e as LOA, estabelecem o conjunto de conceitos a ser observado:

a. PLANO PLURIANUAL – É o maior elemento integrador das políticas públicas de uma determinada esfera governamental. É constituído por um conjunto de programas.
b. PROGRAMA – É constituído por um conjunto de ações.
c. AÇÕES – São os projetos e as atividades. Os projetos são ações com início e término determinado. As atividades são ações de natureza contínua.
d. PRODUTO – Bem ou serviço resultante de uma ação.
e. TAREFAS – Procedimentos sequenciais necessários para a obtenção de um produto.

Assim, na administração pública brasileira, o PPA é formado por um conjunto de programas que, por sua vez, são constituídos por um grupo de ações – projetos e/ou atividades. Cada ação gera um produto (bem ou serviço) necessário para que o objetivo do programa possa ser atingido. Para obter cada um dos produtos, é necessária a execução sequencial de um conjunto de tarefas (Figura 4.5).

Figura 4.5 – Programa, ações e tarefas

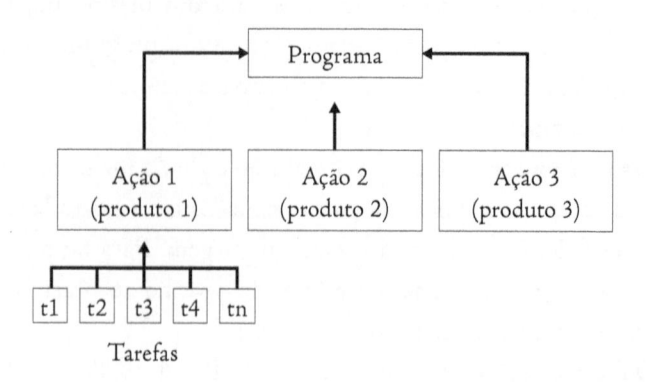

```
                    ┌──────────┐
         ┌─────────→│ Programa │←─────────┐
         │          └──────────┘          │
         │               ↑                │
    ┌─────────┐     ┌─────────┐      ┌─────────┐
    │  Ação 1 │     │  Ação 2 │      │  Ação 3 │
    │(produto 1)│   │(produto 2)│    │(produto 3)│
    └─────────┘     └─────────┘      └─────────┘
         ↑
  ┌──┬──┬──┬──┬──┐
  │t1│t2│t3│t4│tn│
  └──┴──┴──┴──┴──┘
       Tarefas
```

A gestão de políticas públicas envolve as ações relativas à formulação, à implementação, ao monitoramento, à avaliação e à reprogramação das políticas ou dos programas governamentais.

O método do PES proposto por Matus é a FERRAMENTA QUE POSSIBILITA UM SUPORTE MAIS ADEQUADO À GESTÃO DAS POLÍTICAS PÚBLICAS nos atuais ambientes democráticos complexos. É importante ressaltar que o atual modelo brasileiro de planejamento, orçamento e gestão das políticas públicas, requerido para todas as esferas de governo, é plenamente compatível com a metodologia e os conceitos do PES que vimos neste capítulo.

Síntese

Neste capítulo, vimos a aplicação das políticas públicas nos problemas sociais. Estudamos também o planejamento normativo e o planejamento estratégico situacional e tratamos do problema social. Ainda sobre os problemas sociais, conhecemos os seus diversos tipos, que são o de diagnóstico e solução simples; os de diagnóstico simples, mas solução complexa; os de diagnóstico complexo, mas solução simples; e os de diagnóstico e solução complexos. Conhecemos ainda as causas e os diagnósticos desses problemas e como eles devem ser formulados.

Questão para reflexão

Fale sobre as formas de planejamento de políticas públicas.

Questões para revisão

1. Em relação ao planejamento normativo e ao planejamento estratégico situacional, assinale a(s) alternativa(s) FALSA(s):
   a. No planejamento normativo, a realidade é vista como algo passivo, que aceita e assimila sem reação o conjunto de medidas que o governo executa.
   b. O modelo normativo não pressupõe a existência de alta governabilidade sobre a realidade na qual se intervém.
   c. O planejamento estratégico situacional incorpora os aspectos políticos como parte integrante do seu processo de trabalho.
   d. O planejamento estratégico situacional vê a realidade como um jogo social.
   e. O planejamento governamental independe de variáveis políticas.

2. Em relação às políticas públicas:
I. O processo de formação das políticas públicas pode ser visto como um jogo social entre atores que interagem em situações formais e informais.
II. Não é possível pensar em políticas públicas sem levar em conta a existência das instituições que têm interesses que podem ser atingidos favorável ou desfavoravelmente pelas ações propostas.

III. Os processos políticos e os de formação e gestão das políticas públicas são inseparáveis.

IV. Nos ambientes democráticos, as políticas públicas resultam de trocas complexas entre os atores (pessoas e instituições) envolvidos ao longo do tempo e a capacidade dos atores de cooperar ao longo da formulação e execução de uma política é fator crucial para o seu sucesso.

V. O ciclo de uma política pública compreende a implementação, a reprogramação, a avaliação e a correção.

a. Todos os itens são verdadeiros.
b. Apenas os itens I, II e III são verdadeiros.
c. Os itens IV e V são falsos.
d. Os itens I e II são verdadeiros e os itens III e V são falsos.
e. Apenas o item V é falso.

3. Em relação ao modelo brasileiro de gestão das políticas públicas:

I. O Decreto Presidencial nº 2.829/1998 e a Portaria nº 42 MOG/1999 são dois dos principais instrumentos legais que padronizam conceitos que devem ser adotados para efeito da elaboração dos PPA, das LDO e das LOA.

II. A categoria "plano" é o elemento integrador maior e é constituído por um conjunto de "programas".

III. As ações podem ser projetos ou atividades e integram a categoria "programa".

IV. O PPA é integrado por um conjunto de programas que, por sua vez, são integrados por um conjunto de ações – projetos e/ou atividades. Cada ação gera um produto (bem ou serviço) necessário para que o objetivo do programa possa ser atingido. Para se obter cada um dos produtos, é necessária a execução sequencial de um conjunto de tarefas.

a. Os itens I e II são verdadeiros e os itens III e IV são falsos.
b. Apenas os itens I, II e III são verdadeiros.
c. Apenas o item III é falso.

d. Todos os itens são verdadeiros.
e. Apenas o item IV é falso.

4. Quanto aos problemas sociais:
I. Um problema social não deve ser entendido como a ausência de solução, mas como um estado negativo e/ou indesejável passível de ser modificado pela intervenção governamental.
II. É fundamental que o problema social escolhido para uma política pública possa ser sustentado por evidências concretas, preferencialmente estatísticas. Um problema social, para ser objeto de uma política pública, não pode ser escolhido com base em impressões individuais.
III. Problemas sociais formulados de maneira imprecisa não possibilitam o estabelecimento de um objetivo concreto a ser buscado; levam a imprecisões na identificação de suas causas e das ações necessárias para atacar essas causas.
IV. Um problema social é visto sempre da mesma forma por qualquer pessoa que conheça técnicas de planejamento.
   a. Todos os itens são verdadeiros.
   b. Apenas os itens I e II são verdadeiros.
   c. Os itens I e IV são verdadeiros.
   d. Apenas o item IV é falso.
   e. Os itens I e III são falsos.

5. Assinale a(s) alternativa(s) FALSA(s):
   a. Problema parcialmente estruturado é o tipo de problema que não pode ser explicado com absoluta precisão. Os problemas sociais são quase sempre problemas parcialmente estruturados.
   b. Os problemas parcialmente estruturados estão entrelaçados com outros problemas, e a solução de um cria possibilidades ou dificuldades para a solução de outros. A maioria dos problemas sociais está determinada por regras que não são

precisas, nem invariáveis, nem permanecem iguais para todos. Os homens criam e alteram as regras dos problemas.
c. O diagnóstico de um problema social não é mais complexo que o de um problema matemático.
d. Os problemas sociais se apresentam frequentemente como uma teia complexa de relações causa-efeito em que problemas geram outros problemas. A primeira dificuldade com a qual se depara ao analisar um determinado problema social é saber distinguir o que é causa e o que é efeito.
e. O que é necessário observar no processo de distinguir quais problemas são causas e quais são efeitos é colocá-los no eixo do tempo: a causa antecede o efeito no tempo.

Questão comentada

Assinale entre as alternativas a seguir a que apresenta um problema social formulado incorretamente:
a. Alto índice de violência urbana.
b. Falta de saneamento básico.
c. Segurança pública.
d. Poluição do meio ambiente.
e. Obsolescência dos equipamentos dos hospitais públicos.

Resposta: alternativa "c".

Comentário: os problemas sociais devem ser formulados como uma situação negativa ou de carência. Esse requisito está observado em todas as alternativas, exceto a alternativa c. Segurança pública não é problema social, a falta de segurança pública é que se configura como um problema social.

capítulo cinco

Ferramentas para a formulação e a gestão

Conteúdo do capítulo:

+ Ferramentas de suporte aos processos de formação e de gestão de políticas públicas.

Após o estudo deste capítulo, você será capaz de:

+ saber escolher e utilizar as diversas ferramentas que servem de suporte para formular e gerir as políticas públicas.

É possível utilizar um conjunto de ferramentas de suporte na escolha, na formulação e na gestão de políticas públicas compatíveis com o Planejamento Estratégico Situacional (PES). Essas ferramentas são: a matriz de decisão, a árvore de problemas, e a de soluções, a análise de interesses e o marco lógico.

A MATRIZ DE DECISÃO é um método bastante simples, que pode ser utilizado para priorização e/ou escolha de políticas públicas a serem executadas num certo contexto.

As ferramentas ÁRVORE DE PROBLEMAS e ÁRVORE DE SOLUÇÕES permitem uma escolha mais precisa e a delimitação do problema focal que será objeto de uma política pública, bem como a identificação das causas principais que determinam a existência do problema. A árvore de soluções é um método de identificação e de escolha de ações que constituirão a política pública para a solução do problema.

A ANÁLISE DE INTERESSES possibilita a identificação dos atores estratégicos que poderão contribuir ou obstaculizar a execução e a obtenção dos resultados pretendidos por uma política pública.

Completa esse conjunto o MARCO LÓGICO, uma ferramenta para a gestão que pode ser utilizada em todas as etapas do ciclo de uma política pública: formulação, execução, monitoramento, avaliação e reprogramação.

Essas ferramentas se originaram basicamente de um método surgido na década 1960, na Agência Americana para o Desenvolvimento Internacional (United States Agency for Internacional Development – Usaid). Tal metodologia foi aprimorada e cada vez mais difundida e utilizada em todo o mundo a partir dos anos 1980. Fazem uso dela, especialmente, organizações de cooperação internacional, como a própria Usaid, a Organização das Nações Unidas(ONU), a Organização Internacional para o Trabalho (OIT), o Banco Internacional para a Reconstrução e o Desenvolvimento (Bird), o Banco Interamericano de Desenvolvimento (BID), a Instituição de Cooperação Técnica Alemã (GTZ), a Agência Sueca de Cooperação Internacional para o Desenvolvimento (Asdi), entre outras.

5.1 Matriz de decisão

A matriz de decisão é uma ferramenta para apoiar a escolha ou a priorização de elementos em um conjunto. Se construída para priorizar ou escolher políticas públicas, PODE SER ELABORADA DE FORMAS DIFERENTES e em função de aspectos a que se queira dar maior ou menor ênfase no processo de escolha dos programas que farão parte da agenda governamental. Assim, aspectos como valor político do programa, quantidade de recursos exigidos, custo político por não realizar o programa, impacto socioeconômico, complexidade da execução, tempo de maturação dos resultados etc. podem ser incorporados à matriz de decisão e a eles atribuídos pesos diferenciados, conforme as preferências do decisor político que realiza a escolha.

A escolha das políticas públicas para um *plano de governo*, ou seja, a priorização dos problemas que serão enfrentados pelo governante em seu mandato, assume uma importância estratégica. É essa escolha que vai demonstrar a competência do governante para selecionar problemas ou compromissos que resultem em maior impacto político positivo possível.

> Documento em que são explicitadas as principais diretrizes, prioridades e ações durante o período de gestão.

Não podemos deixar de considerar também que, para essa "escolha", é fundamental que sejam levados em conta aspectos realistas como, por exemplo, a disponibilidade financeira para enfrentar os problemas selecionados, uma vez que a não obtenção de resultados efetivos impedirá a obtenção dos impactos políticos esperados.

Adiante veremos um modelo de matriz de decisão para melhor ilustrar essa ferramenta. Esse modelo foi elaborado de forma simplificada, em que três aspectos são levados em consideração: a urgência, a importância e a governança em relação ao problema.

Um problema pode ser urgente e ter pouca importância, como uma goteira sobre a mesa de reuniões de uma prefeitura. Outros podem ser importantes e não tão urgentes, como a falta de postos de trabalho para muitas pessoas em um município. Outros ainda podem apresentar altos graus tanto de urgência como de importância, como a queda da única ponte rodoviária que dá acesso a uma cidade.

> ♦ A matriz de decisão é uma ferramenta para apoiar a escolha ou a priorização de elementos em um conjunto. ♦

Além desses dois aspectos, um terceiro se torna fundamental para que um determinado problema social possa ser objeto de intervenção governamental: a existência de suficiente governança sobre o problema, isto é, de conhecimento, de recursos financeiros e de instrumentos de políticas para enfrentar o problema. Essa governança é função, principalmente, da capacidade técnica, administrativa e financeira da esfera de governo que vai intervir no problema.

No exemplo da matriz de decisão apresentado a seguir, ao aspecto da governança sobre o problema será dado peso 3; para o da urgência, peso 2; e ao da importância, peso 1. Nesse modelo de matriz, os problemas que serão objetos de atenção estão agrupados por área de atuação governamental.

Para a urgência, para a importância e para a governança sobre o problema, são atribuídos escores entre 1 e 5 (sendo que 5 representa a maior intensidade do aspecto analisado).

Após atribuir os escores e efetuar a soma de pontos para cada um dos problemas, segundo a fórmula $2.U + I + 3.G$, a coluna "número de pontos" apresentará valores compreendidos no intervalo entre 6 e 30. Na última coluna da matriz será possível estabelecer, então, as prioridades de 1 a n em função do número de pontos que cada problema apresenta (quanto maior o número de pontos, maior a prioridade) – conforme Tabela 5.1.

Suponhamos que na área da saúde de determinado município foram pré-selecionados os seguintes problemas principais: alta taxa de mortalidade infantil, alta taxa de mortalidade por câncer, alta taxa de mortalidade por tuberculose, inexistência de ambulância no município, inexistência de médico obstetra, inexistência de médico especialista em oncologia e falta de medicamentos para o hospital municipal.

Tabela 5.1 – Matriz de decisão

Área	Problemas	Urgência – u (pontos de 1 a 5)	Importância – i (pontos de 1 a 5)	Governança – g (pontos de 1 a 5)	Número de pontos (2U + I + 3G)	Prioridade
1. Emprego e renda	1.1					
	1.2					
	1.3					
	1.4					
2. Segurança pública	2.1					
	2.2					
	2.3					
	2.4					
3. Saúde	3.1					
	3.2					
	3.3					
	3.4					
4. Educação	4.1					
	4.2					
	4.3					
	4.4					
n. etc.	n.1					
	n.2					
	n.3					
	n.4					

Como não existem recursos orçamentários para atender simultaneamente a todos os problemas pré-selecionados, será necessário escolhermos alguns deles para enfrentamento imediato e deixar outros para uma atenção futura.

Assim, cada um desses problemas será avaliado do ponto de vista da sua urgência, da importância e da governança sobre o problema. Atribuímos um escore de 1 a 5 para cada um dos aspectos considerados: urgência, importância e governança. À urgência é atribuído peso 2; à importância, peso 1; e à governança, peso 3 (Tabela 5.2).

Tabela 5.2 – Exemplo de matriz de decisão

Problemas na área da saúde	Urgência – U (1 a 5)	Importância – I (1 a 5)	Governança (1 a 5)	Pontos (2U + I + 3G)	Prioridade
Alta taxa de mortalidade infantil	4	5	4	25	3
Alta taxa de mortalidade por câncer	2	3	3	16	6
Alta taxa de mortalidade por tuberculose	2	3	3	16	6
Inexistência de ambulância no município	5	5	5	30	1
Inexistência de médico obstetra	3	5	4	23	4
Inexistência de médico especialista em oncologia	2	3	4	19	5
Falta de medicamentos para o hospital municipal	5	4	5	29	2

Nesse exemplo, as prioridades seriam: aquisição de uma ambulância (30 pontos), aquisição de medicamentos para o hospital municipal (29 pontos), implantação de programa voltado para a redução da mortalidade infantil (25 pontos), contratação de um médico obstetra para o hospital municipal (23 pontos), contratação de um médico especializado em oncologia (19 pontos) e, a seguir, com 16 pontos, aparecem os dois outros problemas. Problemas que apresentarem o mesmo número de pontos podem ser reavaliados visando à sua hierarquização, se for o caso.

A escolha de quantos desses problemas serão objeto das políticas do governo municipal em questão dependerá fundamentalmente das disponibilidades orçamentárias do município.

É fundamental salientar que a atribuição de escores pode incorporar um certo grau de subjetividade decorrente de escolhas realizadas pelos que participam da decisão e que são influenciados por suas preferências, seus valores e seus conhecimentos individuais. Essa subjetividade tende a ser reduzida à medida que mais pessoas são incorporadas ao processo.

5.2 *Árvore de problemas*

A árvore de problemas é uma ferramenta que possibilita uma melhor delimitação do problema e a identificação das principais causas de sua existência.

O êxito ou o fracasso de uma política pública depende, entre outros fatores, da definição precisa do problema e da identificação igualmente precisa de suas causas. Quando um problema não é adequadamente formulado, pode haver uma interpretação distorcida da situação que é objeto de atenção e, consequentemente, tomada de decisões equivocadas. Se o problema estiver incorretamente delimitado, uma política pública pode até mesmo cumprir os objetivos estabelecidos, mas, ainda assim, não solucionar o problema que a motivou.

Voltemos à alta taxa de desemprego de um município, problema comentado no capítulo anterior. Esse problema pode ser inadequadamente formulado como "baixa qualificação da mão de obra do município" ou, de forma mais adequada, como "número insuficiente de postos de trabalho no município".

No caso de o problema ter sido formulado como "baixa qualificação da mão de obra municipal", um programa pode atingir seu objetivo, que seria capacitar a mão de obra local. Porém, tal medida não resolverá o problema do desemprego no município por não haver postos de trabalho para absorver os trabalhadores capacitados pelo programa. Nesse exemplo, "a baixa qualificação da mão de obra" não se constitui um problema focal, e, sim, uma das "causas" do problema focal representado pela alta taxa de desemprego. Assim, a correta identificação e a delimitação do problema focal a ser enfrentado são o passo inicial na construção da árvore de problemas.

> **Pense a respeito!**
>
> A técnica da árvore de problemas permite identificar relações de causalidade entre os diversos problemas envolvidos em uma situação e possibilita ordená-los de modo a facilitar a identificação e a formulação do problema central ou focal que passará a ser o objeto de atenção de uma política pública. Auxilia, também, a identificação e a priorização de problemas e de objetivos em que as informações são dispostas no formato de árvore. O problema principal ou focal situa-se no centro do diagrama, como o tronco de uma árvore, enquanto os demais problemas, os fatores relevantes, as causas e os efeitos assumem no diagrama o lugar que seria de raízes e galhos.

Na construção do diagrama da árvore, é necessário ordenar as relações de causa-efeito para identificar as causas críticas envolvidas no problema focal (as causas de primeiro nível na Figura 5.1).

Assim, a análise dessas relações, que as diferentes causas preliminarmente levantadas apresentam entre si, permite a construção da árvore de problemas. O problema focal (o alto número de acidentes urbanos envolvendo táxis) fica reduzido a três causas principais, representadas pelas causas de primeiro nível na "árvore".

A identificação do que são as causas e do que são os problemas (efeitos) permitirá delimitar um problema focal para o programa e servirá para balizar a construção das estratégias de ação que devem ser implementadas. O programa é um "meio" para se atingir um "fim", ou seja, a solução do problema focal.

Na Figura 5.1, o problema representado pelo alto número de acidentes urbanos envolvendo táxis tem como causas preliminarmente arroladas: motoristas de táxis despreparados, má conservação das vias urbanas, táxis em más condições, motoristas sem treinamento, motoristas de táxi com excessivo número de horas de trabalho diário, frota antiga e manutenção deficiente dos veículos.

✦ A árvore de problemas é uma ferramenta que possibilita uma melhor delimitação do problema e a identificação das principais causas de sua existência. ✦

Uma análise desse conjunto de sete causas, as relações causa-efeito entre elas, possibilita agrupar determinadas "causas" como "efeito" de outra(s). Assim, "motoristas de táxi sem treinamento" e "motoristas de táxi com excessivo número de horas de trabalho" são causas de segundo nível da causa de primeiro nível representada por "motoristas despreparados". Da mesma forma, "táxis sem manutenção" e "frota de táxis antiga" são causas de segundo nível de "táxis em más condições" (causa de primeiro nível). Nesse exemplo, a causa "má conservação das vias urbanas" não está relacionada a outras de nível inferior e já se apresenta como sendo de primeiro nível.

Assim, a análise das RELAÇÕES CAUSA-EFEITO que as diferentes causas preliminarmente levantadas apresentam entre si permite a construção da ÁRVORE DE PROBLEMAS. O problema focal (o alto número de acidentes urbanos envolvendo táxis) fica reduzido a três causas críticas representadas pelas causas de primeiro nível na "árvore" (Figura 5.1).

Figura 5.1 – Árvore de problemas

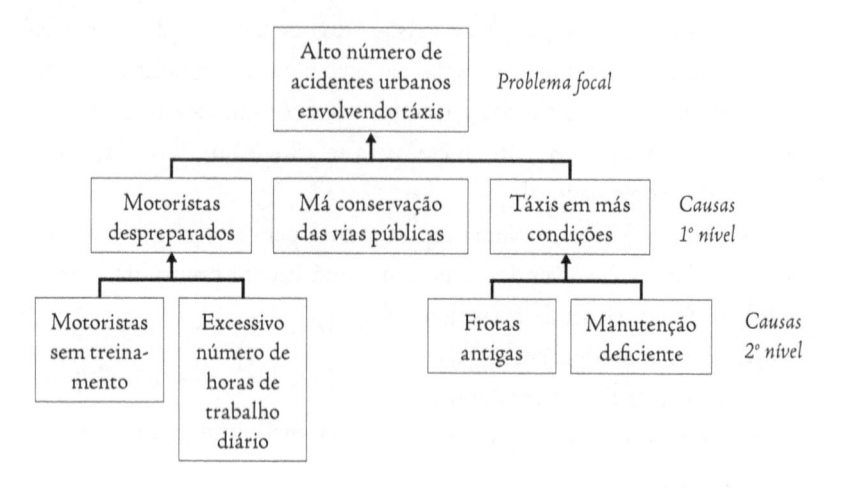

```
                    ┌─────────────────┐
                    │ Alto número de  │
                    │acidentes urbanos│   Problema focal
                    │ envolvendo táxis│
                    └─────────────────┘
         ┌──────────────────┼──────────────────┐
┌────────────────┐ ┌────────────────┐ ┌────────────────┐
│  Motoristas    │ │ Má conservação │ │  Táxis em más  │   Causas
│  despreparados │ │ das vias públicas│ │   condições   │   1º nível
└────────────────┘ └────────────────┘ └────────────────┘
    ┌──────┴──────┐                     ┌──────┴──────┐
┌─────────┐ ┌─────────┐             ┌─────────┐ ┌─────────┐
│Motoristas│ │Excessivo│             │ Frotas  │ │Manutenção│  Causas
│sem treina-│ │número de│             │ antigas │ │deficiente│  2º nível
│  mento   │ │horas de │             └─────────┘ └─────────┘
│          │ │trabalho │
│          │ │ diário  │
└─────────┘ └─────────┘
```

O primeiro passo para a construção da árvore de problemas é delimitar preliminarmente o problema principal ou o problema focal e reunir as pessoas e/ou os formuladores de políticas públicas que estejam relacionados ao problema em questão (problema focal) para identificar os principais problemas (causas) envolvidos com o problema focal. Em seguida, elaboramos um primeiro esboço do diagnóstico relacionando por escrito as diversas causas que, no julgamento, ou seja, de acordo com a percepção pessoal de cada participante do grupo de trabalho, colaboram para a existência do problema focal.

Aqui notamos a importância de um método participativo no processo de formulação das políticas públicas, uma vez que um problema social dificilmente poderá ser corretamente identificado e formulado por uma pessoa ou um grupo muito restrito de pessoas, pois estará sempre expressando preferências, valores e conhecimento dos que participaram da sua formulação.

Os diversos problemas sugeridos pelo grupo passarão a constituir "causas" do problema focal, que passa a ser "efeito" daqueles. Essa tarefa pode ser realizada por meio de um processo de *brainstorm* (que significa "chuva de ideias" ou "livre pensamento"), em que cada um anota todos os principais problemas que lhe pareçam estar correlacionados ao problema focal preliminarmente delimitado. Essas anotações podem ser feitas até mesmo em cartões de cartolina (uma ideia em cada cartão), o que facilitará a discussão para o estabelecimento das relações causa-efeito. Esses cartões poderão ser arranjados sobre uma mesa ou um quadro durante as análises e as discussões. As análises devem girar em torno do reconhecimento do que é causa e do que é efeito.

O método para realizar o encadeamento dos diversos problemas identificados pelo grupo em relações causa-efeito é analisá-los sob a ótica do tempo: o que ocorre antes no tempo é causa, o que ocorre depois é efeito. A partir da construção desse primeiro esboço de diagnóstico, passamos a aprofundar a análise, buscando estabelecer relações de causa-efeito entre os diversos problemas (causas) relacionados.

As diversas relações causa-efeito estabelecidas entre os problemas permitirão ordená-los em causas de primeiro nível, de segundo nível etc. Essa ordenação resulta, naturalmente, em um diagrama no formato de uma árvore, conforme exemplificado na Figura 5.1, que evidencia o problema focal.

Essa é a fase mais crítica do processo, pois frequentemente surgem situações sutis em que os membros do grupo não conseguem chegar rapidamente a um consenso sobre se um problema que está sendo analisado é causa ou é efeito de outro(s) e qual a sua correta disposição no diagrama. A discussão deve sempre prosseguir até que se chegue a um acordo.

Esse método compreende um paciente trabalho de aproximações sucessivas, nas quais o aprofundamento das discussões e das análises vai resultar em reconstruções das imagens iniciais que existiam do problema focal. O processo de discussões e de análises se encerra quando todos os membros do grupo chegam a um consenso sobre a imagem final do problema focal, sobre suas causas responsáveis e sobre suas causas críticas.

O trabalho termina quando não há mais dúvidas no grupo sobre o formato final do diagrama ou árvore de problemas, que é, em última análise, uma cadeia de relações causa-efeito.

5.3 Árvore de objetivos ou soluções

A árvore de objetivos ou árvore de soluções PERMITE PRECONIZAR AS AÇÕES necessárias para enfrentar o problema. A sua construção é bastante simples e baseia-se na transformação da cadeia de relações causa-efeito representada pela árvore de problemas numa cadeia de relações meio-fim que assume a forma de um diagrama ou de uma árvore de soluções (Figura 5.2).

Figura 5.2 – Árvore de objetivos e soluções

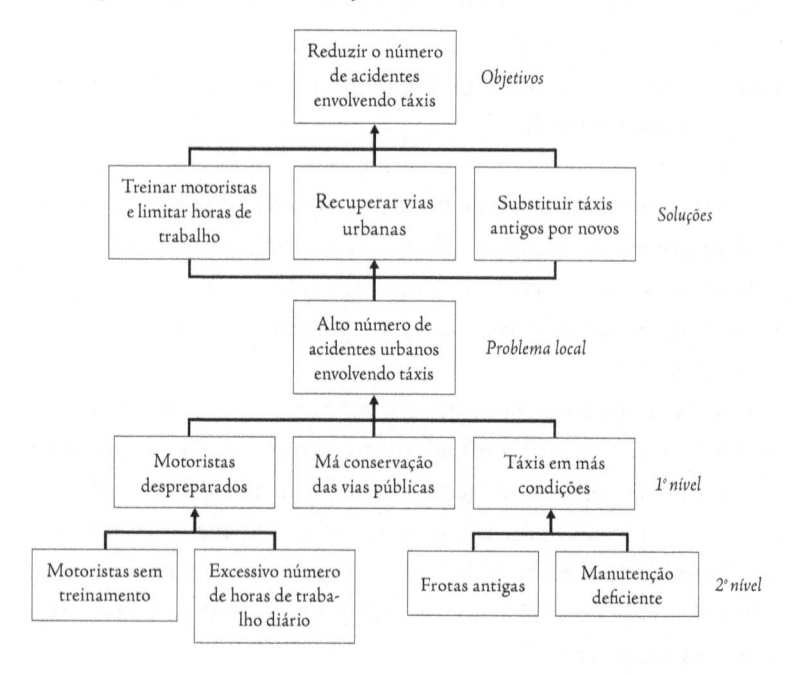

```
                    Reduzir o número
                    de acidentes            Objetivos
                    envolvendo táxis
                          ↑
    ┌─────────────────────┼─────────────────────┐
    │                     │                     │
Treinar motoristas   Recuperar vias      Substituir táxis
e limitar horas de      urbanas          antigos por novos    Soluções
    trabalho
    │                     │                     │
    └─────────────────────┼─────────────────────┘
                          ↑
                    Alto número de
                    acidentes urbanos       Problema local
                    envolvendo táxis
                          ↑
    ┌─────────────────────┼─────────────────────┐
    │                     │                     │
 Motoristas         Má conservação        Táxis em más
 despreparados      das vias públicas      condições          1º nível
    │                                           │
    ├─────────┐                         ┌───────┴───────┐
Motoristas sem  Excessivo número    Frotas antigas   Manutenção
 treinamento    de horas de traba-                   deficiente        2º nível
                 lho diário
```

O procedimento seguinte é definir os objetivos a serem buscados para que os problemas sejam solucionados. Nesse processo, é necessário revisar e aprimorar as formulações dos objetivos, descartar objetivos secundários ou agregar novos, para os casos em que for necessário.

Um objetivo é um resultado específico que desejamos obter, resultado mensurável e observável que deve expressar a descrição da mudança que se pretende.

Os objetivos devem ser formulados com o verbo no infinitivo. Exemplos: *produzir, construir, realizar, erradicar, fazer*, entre outros. Devemos evitar, sempre que possível, os verbos que denotem objetivos vagos ou imprecisos como, por exemplo: *apoiar, contribuir, colaborar, melhorar, coordenar* etc.

Um aspecto fundamental diz respeito à clareza com que os objetivos devem ser formulados: objetivos confusos, contraditórios, excessivamente abrangentes ou tão somente declaratórios não são aceitáveis e tendem a revelar que os programas correspondentes são igualmente confusos e/ou imprecisos.

Uma árvore de objetivos descreve a situação futura que será atingida quando as causas do problema forem eliminadas. A cada causa deve corresponder um objetivo. Esse "mapa", que mostra as causas/problemas e os correspondentes objetivos pretendidos, possibilita uma maior clareza para a proposição da(s) ação(ões) que deve(m) ser executada(s) para passar da causa ao correspondente objetivo pretendido. Ou seja, a árvore de objetivos facilita a definição das ações (projetos ou atividades) que constituirão o programa destinado a solucionar ou mitigar o problema focal.

5.4 *Análise de interesses*

As decisões de um governo são decorrentes de um jogo social de vários atores ou *stakeholders*. Cada um deles quer fazer valer seus interesses – tanto no sentido de se beneficiar com as ações governamentais como de não ter os seus interesses prejudicados. Os *stakeholders* agem segundo suas preferências e interesses e pretendem influir, condicionar, bloquear ou ativar as decisões públicas utilizando todo tipo de recursos. Podem se valer de meios econômicos como: campanhas publicitárias, financiamento de campanhas eleitorais, "ameaças" empresariais de não realizar investimentos ou se retirar do local, entre outros. Em outros casos, podem se valer de meios políticos como: "ameaças" de retirar apoio, boicotes, manifestações públicas, mobilizações políticas, entre outros.

A ANÁLISE DE INTERESSES OU ANÁLISE DE STAKEHOLDERS é uma ferramenta utilizada para identificar e analisar as relações de interesses entre os principais atores sociais (pessoas e instituições) envolvidos direta ou indiretamente nos processos de formação, de formulação e de gestão de políticas públicas.

A importância da análise de interesses no caso dos programas governamentais é bem maior que no caso dos projetos privados.

Há grandes diferenças entre o planejamento empresarial e o planejamento governamental: enquanto o planejamento no setor privado está voltado para o lucro, para a maximização dos interesses dos acionistas, o planejamento público está explícita e diretamente voltado para o interesse público, para a promoção do bem-estar social.

De acordo com os Subsídios para a Elaboração do PPA 2008-2011:

> o papel primordial do Estado é prover a regulação dos interesses específicos dos diversos agentes que constituem a sociedade, é inerente à maioria das políticas públicas apresentarem como característica o fato de que, ao atenderem certas demandas de alguns segmentos da sociedade, contrariam os interesses de outros segmentos. Assim, no processo de elaboração e gestão da maioria dos programas, tende a ocorrer uma forte influência dos grupos que são beneficiados por elas e, dos grupos que têm os seus interesses contrariados por elas. (Paraná, 2006, p. 76)

A influência dos atores sociais envolvidos nas políticas públicas tende a aumentar as dificuldades e o grau de imprevisibilidade dos resultados pretendidos. Já nos projetos desenvolvidos pelo setor privado, embora ocorram influências, em geral são bem menos intensas em relação ao que se passa no caso das políticas públicas.

Estas se caracterizam, quase sempre, por terem a função de realizar a regulação entre interesses divergentes que existam em grupos econômicos e sociais, visando à prosperidade de todos. Disso decorre a inerência da maioria das políticas públicas: do fato de alguns segmentos serem claramente beneficiados e de outros serem visivelmente contrariados pelas ações implementadas por programas governamentais.

> Uma árvore de objetivos descreve a situação futura que será atingida quando as causas do problema forem eliminadas.

O mesmo documento ilustra:

> Como exemplo da importância de se proceder a uma análise de interesses, veja-se o caso de uma política de reforma agrária. Neste caso, identifica-se como *stakeholders* claramente aliados: o Movimento dos Trabalhadores Sem-Terra – MST, os parlamentares alinhados aos interesses do MST, as instituições que apoiam o movimento, entre outros. São *stakeholders* claramente contrariados (óbices): os proprietários de terras objeto das desapropriações, os Parlamentares que representam os interesses dos proprietários de terras passíveis de desapropriação, entre outros. (Paraná, 2006, p. 77)

Se analisarmos o exemplo da política de reforma agrária, veremos que esses diferentes atores sociais buscarão influenciar e/ou interferir nos processos de formação, de elaboração e de execução de uma política de reforma agrária. Alguns para maximizar os benefícios a eles dirigidos e outros para minimizar ou eliminar prejuízos previsíveis.

Nesse exemplo, uma determinada lei que necessite ser aprovada ou a escolha das propriedades que serão desapropriadas são objetos de tentativa de influência, seja de quem será beneficiado pela política, seja de quem terá seus interesses contrariados por ela.

Dessa forma, no planejamento governamental, é de grande importância considerar a existência da influência de atores sociais no processo para que esta seja incorporada na estratégia do programa ou política pública por meio de medidas que minimizem as influências contrárias aos objetivos do programa e maximizem o apoio das forças sociais favoráveis a eles.

Embora possamos e devamos realizar a análise de interesses em todas as etapas do processo de formulação e de execução de uma política pública, o momento mais adequado para uma percepção mais clara dos interesses atendidos e contrariados ocorre na fase de definição das ações (projetos e atividades) que vão compor o programa. São as ações propostas que mais diretamente afetarão os *stakeholders* envolvidos.

Em outro exemplo, o de um programa que vise reduzir a violência no município, enquanto não forem determinadas quais serão as ações e o impacto dela sobre determinados interesses, todos os atores sociais são, a princípio, favoráveis ao programa. No entanto, se uma das ações propostas implicar a exigência do fechamento de estabelecimentos comerciais como bares, a partir de determinada hora da noite, deverá levar ao surgimento de *stakeholders*, que terão seus interesses comerciais atingidos de forma desfavorável pelo referido programa.

A influência dos *stakeholders* nas políticas públicas se prolonga por toda a sua implementação, já que os distintos grupos continuam exercendo pressão visando direcionar as ações para os seus interesses, inclusive aqueles atores que num momento inicial foram obrigados a fazer concessões.

Etapas de uma análise de interesses

Para elaborar uma análise de interesses, utilizamos uma sequência de procedimentos que se inicia com a listagem de todos os principais *stakeholders* (instituições e pessoas) que nos pareçam ser aliados e não aliados, ou seja, contrários à política pública ou programa que queiramos implementar. Esse posicionamento dos *stakeholders* ocorre em função de a política proposta favorecer ou prejudicar os seus interesses.

Em seguida, procedemos a uma análise inicial sobre como cada um dos *stakeholders* será afetado ou beneficiado e sobre o grau de influência ou de poder político que desfruta na sociedade.

Após o estabelecimento das ações que serão desenvolvidas no programa, procedemos uma revisão na análise inicial, pois as ações preconizadas determinarão de forma mais clara quais interesses serão atingidos de forma favorável e de forma desfavorável e em que grau.

Na etapa seguinte, os *stakeholders* serão situados em um diagrama de acordo com sua importância/influência política e com o grau de impacto das ações do programa sobre os seus interesses. A importância e a influência política correspondem, no diagrama, ao eixo vertical, e o grau de impacto do programa sobre os seus interesses, ao horizontal.

No diagrama, os *stakeholders* contrariados serão situados no eixo horizontal do centro para a esquerda; os favoráveis ficarão situados do centro para a direita, de acordo com os seguintes critérios (Figura 5.3):

- Área I: alto grau de importância política e alto grau de interesse.
- Área II: alto grau de importância política e mediano grau de interesse.
- Área III: mediano grau de importância política e alto grau de interesse.
- Área IV: baixo grau de importância política e baixo grau de interesse.

A análise de interesses visa à identificação do conjunto de *stakeholders* considerados estratégicos para o sucesso do programa.

Os *stakeholders* da área I favoráveis devem ser objeto de atenção por parte dos responsáveis pelo programa com vistas à obtenção de apoio político. Os *stakeholders* da área I contrários devem, igualmente, ser objeto de atenção com intenção de desmobilizá-los em relação a atitudes contrárias que possam comprometer o sucesso do programa.

♦ A análise de interesses visa à identificação do conjunto de *stakeholders* considerados estratégicos para o sucesso do programa. ♦

♦ No caso de um programa destinado a despoluir um determinado rio que atravessa a cidade, a princípio, teria o apoio da maioria das pessoas (comunidade). ♦ No entanto, se uma das ações propostas no programa for a obrigatoriedade para as indústrias que despejam dejetos poluentes no rio de instalar sistemas de tratamento de dejetos que envolvam alto custo para elas, essas indústrias poderão se colocar como importantes *stakeholders* contrários ao programa.

Tendo como uma de suas ações obrigar as indústrias a instalarem sistemas adequados de tratamento dos seus dejetos, os industriais poderão ser desmobilizados e cooptados a colaborar com o objetivo do programa por meio de incentivos como a disponibilização de linha especial de crédito para os investimentos necessários, oferecimento de um selo de qualidade às industrias que aderirem ao programa, publicidade institucional gratuita etc.

Em virtude de como se dá a análise e examinando o exemplo, entendemos que a análise de interesses é um processo fundamental de estratégia para obtenção de êxito no programa.

Figura 5.3 – Diagrama da análise de interesses

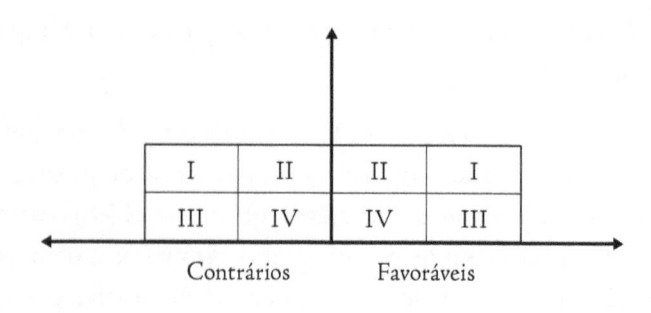

I	II	II	I
III	IV	IV	III

Contrários   Favoráveis

5.5 Marco lógico

O marco lógico, também denominado *quadro lógico, matriz lógica* ou *"log frame"*, "é uma ferramenta de trabalho que permite apresentar de forma sistemática e lógica os objetivos de uma política pública ou de um projeto privado e as suas relações de causalidade" (Amado; Guittet, 1978). Essa ferramenta pode ser utilizada para preparação, execução, avaliação e reprogramação de políticas públicas (programas) ou projetos privados. É uma ferramenta bastante apropriada para a gestão de um programa governamental por permitir uma síntese das informações fundamentais para o monitoramento durante sua execução, entre outras razões.

Por meio do marco lógico, podemos verificar em que grau o objetivo do programa está sendo atingido e atentar para fatores externos (externalidades) que podem comprometer o objetivo pretendido. Assim como ocorre com as ferramentas árvore de problemas e árvore de soluções, o marco lógico se estrutura na forma de relações causa-efeito e de meio-fim. As ações e as tarefas necessárias para produzir o bem ou o serviço correspondente são os "meios" para alcançar o objetivo do programa e a sua finalidade (fins).

É muito frequente nas programações governamentais vermos a existência de um elevado grau de imprecisão em relação aos objetivos estabelecidos e às ações preconizadas para atingi-los. A utilização do marco lógico exige dos programas e de suas ações maior clareza e precisão em relação aos seus objetivos, aos produtos e às tarefas necessárias para obtê-los.

> **Pense a respeito!**
> Assim como o formato de um vaso determina a forma que o líquido nele colocado assumirá, o marco lógico pode ser visto como um "gabarito" ou "forma" que induz o desenho de um programa a se ajustar a determinada formatação lógica, simples e suficientemente clara.

Possibilita, também, delimitar com maior precisão os objetivos envolvidos em um programa e oferece uma estrutura lógica e simplificada para ser utilizada em todas as fases de uma política pública: formulação, implantação, monitoramento permanente, avaliação e reprogramação. O método obriga a observância de correlações adequadas entre a finalidade do programa, o seu objetivo, as ações preconizadas e as suas respectivas metas.

Por requerer indicadores claros em todos os níveis (linhas) da matriz, possibilita um apurado grau de monitoramento sobre todos os níveis do programa e a avaliação dos resultados que estão sendo obtidos. Permite, também, analisar, avaliar e reconstruir programas que tenham sido elaborados com base em outros métodos.

Matriz do marco lógico

O marco lógico é construído na forma de uma matriz de quatro linhas e quatro colunas em que são inseridos os principais elementos e informações do programa: sua finalidade, seu objetivo, as ações (projetos e atividades) que o compõem, os produtos destas, as tarefas necessárias para a obtenção dos produtos, os indicadores de acompanhamento dos diversos elementos do programa e a fontes de onde os indicadores se originam (meios de verificação). São, ainda, estabelecidas suposições que devem ou não ocorrer para que os objetivos de cada nível (linha) do programa sejam atingidos.

Na primeira linha da matriz fica disposta a finalidade do programa; na segunda, o seu objetivo direto; na terceira, as ações que compõem o programa; e, na quarta linha, as tarefas necessárias para se obter os produtos de cada uma das ações.

Na primeira coluna da matriz ficam dispostos os objetivos nos quatro níveis (linhas) do programa; na segunda, os indicadores (representados por índices estatísticos, relatórios ou informações verbais) que permitirão monitorar e avaliar os resultados em cada nível;

na terceira, as fontes de informações dos indicadores; e, na quarta coluna, as suposições que devem acontecer ou não para que o objetivo de cada nível possa ser alcançado.

Como dissemos anteriormente, a matriz comporta relações de causalidade entre elementos e informações dispostos nas colunas e nas linhas. Assim, depois de todas as tarefas de todas as ações serem realizadas (nível inicial ou última linha da matriz) e as suposições estabelecidas para esse nível terem ocorrido, torna-se possível alcançar os objetivos do nível (linha) imediatamente superior (o das ações). Após todas as ações terem produzido os produtos nas quantidades e nas especificações previstas e se as suposições estabelecidas para esse nível tiverem acontecido, torna-se possível alcançar o objetivo do nível (linha) imediatamente superior (o do objetivo direto do programa). Depois de o objetivo direto do programa ter sido atingido e de as suposições estabelecidas terem sido cumpridas, é possível verificar se a finalidade do programa foi alcançada (primeira linha da matriz). A leitura dever ser feita de baixo para cima.

Notemos a correspondência existente entre a matriz do marco lógico (Quadro 5.1) e a estrutura de um programa mostrada na Figura 4.5 (p. 162): a área destacada na matriz do marco lógico (área sob controle direto do programa) se "encaixa" na "estrutura" mostrada na Figura 4.5.

O nível da finalidade (primeira linha) e a coluna de suposições não estão sob o controle do programa. A finalidade representa a contribuição que o programa em questão deve dar para que um macrobjetivo – da política pública para a qual o(s) programa(s) foi(ram) destinado(s) – seja atingido. Isso significa que, mesmo o programa tendo atingido o seu objetivo direto, para atingir a finalidade à qual se vincula, é necessário que as suposições estabelecidas tenham sido cumpridas. Por exemplo, no caso de a finalidade ser a melhoria das condições de saúde no município, poderia ser necessário que os demais programas cujos objetivos sejam destinados à melhoria da saúde também tenham os seus objetivos alcançados. O exemplo da matriz lógica no Quadro 5.2 (p. 191) permite uma mais clara compreensão.

A coluna de suposições compreende fatores externos, como decisões, acontecimentos ou requisitos que irão determinar o resultado final de cada nível do programa. São fatores que não estão sob o controle do programa, mas podem determinar ou influenciar o resultado pretendido em cada nível. Em outras palavras, são os diferentes riscos existentes no ambiente, que podem ser de natureza climática, institucional, social, entre diversos outros.

As suposições a serem estabelecidas em cada nível do programa devem se restringir a eventos específicos que apresentem probabilidade elevada de acontecer. Suposições óbvias, pouco prováveis de ocorrer ou desnecessárias devem ser evitadas.

A área da matriz que está sob controle direto corresponde ao cenário prospectivo estabelecido para o programa num determinado momento. A coluna de suposições (que está fora do controle direto) corresponde também a um referencial que se pode ter para a elaboração de "ações ou medidas de contingência" que devem ser adotadas visando a ajustar a estratégia do programa quando uma determinada suposição não se confirmar.

Quadro 5.1 – Marco lógico

	Objetivos	Indicadores	Fontes dos indicadores	Suposições
Finalidade				
Objetivo do programa				
Ações do programa				
Tarefas das ações				

As lógicas vertical e horizontal da matriz

Um determinado programa é considerado coerente quando consegue cumprir as lógicas horizontal e vertical da matriz.

A lógica horizontal é representada pelo vínculo existente entre o objetivo dos quatro níveis (linhas) da matriz com as respectivas medições do êxito obtido e suposições que constituem fatores externos que devem ou não ocorrer.

A vertical diz respeito às relações causa-efeito entre os quatro níveis (linhas) da matriz. Deve ser lida do nível das tarefas (última linha) para cima. Quando todas as tarefas tiverem sido cumpridas e as suposições a elas relacionadas tiverem ocorrido de forma favorável, no nível imediatamente superior é possível que as ações tenham sido adequadamente executadas e gerado os produtos (bens ou serviços) previstos. O mesmo raciocínio se aplica aos níveis (linhas) superiores seguintes: se todos os produtos gerados pelas ações foram produzidos nas quantidades e nas especificações estabelecidas e as suposições ocorreram de forma favorável, é possível que o objetivo do programa tenha sido alcançado. E, finalmente, se o objetivo do programa for alcançado e as suposições desse nível forem favoráveis, então é possível que a finalidade do programa possa ser atingida.

Vamos usar como exemplo o programa governamental hipotético "Redução da alta taxa de mortalidade infantil existente no município", que tem como objetivo reduzir a atual taxa de mortalidade infantil – 10/1000 nascidos vivos para 2/1000 nascidos vivos. Esse programa hipotético tem como ações a construção de um hospital equipado, a canalização de 10 km de esgoto "a céu aberto" e a distribuição de 100 mil cestas básicas a famílias carentes do município.

O programa é coordenado pela Secretaria Municipal da Saúde e tem como executores a Secretaria Municipal de Assistência Social (responsável pela distribuição das cestas básicas), a Empresa Municipal de Águas e Saneamento (responsável pela canalização dos esgotos) e o Instituto Municipal de Saúde (responsável pelo hospital equipado).

Esse programa, por sua vez, insere-se com três outros a ele correlacionados (Programa de Habitação Popular, Programa de Eliminação do Analfabetismo e Programa de Aumento da Renda Familiar) no macroobjetivo do PPA do Município que é elevar o Índice de Desenvolvimento Humano Municipal (IDH), atualmente de 0,4% para um valor igual ou superior a 0,8%.

Nesse exemplo, o objetivo (direto) do programa é reduzir a atual taxa de mortalidade infantil. A finalidade superior do programa, como visto anteriormente, não depende apenas do êxito do programa em si, mas está correlacionada ao macroobjetivo governamental de elevar o IDH do município e que depende, além deste, de outros programas em execução.

Assim, para que esse programa tenha sua finalidade atingida, não basta apenas cumprir o seu objetivo. É necessário, ainda, que os outros três programas também atinjam suas respectivas metas. Por essa razão é que, no modelo de matriz de marco lógico apresentada, consideramos a linha "finalidade" fora de controle direto do programa. Não depende apenas do programa isoladamente.

A matriz do marco lógico, nesse exemplo, assumiria a seguinte configuração (Quadro 5.2).

O marco lógico é, portanto, um instrumento que possibilita ter prontamente à mão uma síntese das principais informações que são necessárias para o monitoramento de todos os principais elementos envolvidos num programa. Essa matriz pode ser sintetizada em uma única planilha impressa ou, então, informatizada em softwares com informações com alto nível de detalhamento.

Além de muito prático para o monitoramento e o suporte na fase de execução dos programas, o marco lógico oferece uma metodologia para a ELABORAÇÃO, AVALIAÇÃO e REPROGRAMAÇÃO das tarefas, das ações, das metas e dos objetivos do programa.

Ainda que outras ferramentas e métodos possam ser incorporados aos diversos processos envolvidos na gestão das políticas públicas, as principais ferramentas apresentadas neste capítulo – matriz de decisão, a análise de interesses, as árvores de problemas e de soluções e o marco lógico – constituem um conjunto coerente e suficiente para um adequado suporte ao processo de identificação, escolha, formulação e demais aspectos envolvidos na gestão das políticas públicas.

Quadro 5.2 – Exemplo de matriz lógica

	Objetivos	Indicadores	Fontes	Suposições
Finalidade superior do programa	Elevar o IDH do município de 0,4 para 0,8.	IDH	IBGE	Outros três programas relacionados a esta finalidade devem alcançar seus objetivos.
Objetivo do programa	Reduzir a taxa de mortalidade infantil de 10/1000 para 2/1000.	Taxa de mortalidade infantil.	Secretaria Estadual da Saúde	
Ações do programa	1. Construir e equipar hospital.	Porcentual de hospital construído e equipado.	Instituto Municipal de Saúde	
	2. Canalizar 10 km de esgotos.	Porcentual de km de esgotos construídos.	Empresa Municipal de Águas e Saneamento	
	3. Distribuir 100 mil cestas básicas.	Porcentual de cestas básicas distribuídas.	Secretaria de Assistência Social	
Tarefas das ações	1.1 Elaborar projeto de hospital.	Projeto elaborado.	Depto. Eng. da Prefeitura	

(continua)

(Quadro 5.2 – conclusão)

Tarefas das ações	1.2 Elaborar edital de licitação.	Edital elaborado.	Depto. Licitações da Secretaria Municipal
	1.3 Publicar edital de licitação.	Edital publicado.	Depto. Licitações da Secretaria Municipal
	1.4 Etc. (Relação das demais tarefas necessárias para se obter o hospital pronto e equipado).	Etc.	Etc.
	2.1 Relação das tarefas da ação 2.	Etc.	Etc.
	3.1. Relação das tarefas da ação 3.	Etc.	Etc.

Síntese

Tratamos neste capítulo das ferramentas para a formulação e a gestão de políticas públicas, as quais são: matriz de decisão, árvore de problemas, árvore de soluções, análise de interesses e marco lógico.

Questão para reflexão

Comente sobre cada uma das ferramentas de formulação para a gestão de políticas públicas.

Questões para revisão

1. Assinale (V) para as proposições verdadeiras e (F) para as falsas:
   ( ) O método do marco lógico permite a apresentação estruturada do conteúdo de um programa por meio de uma relação causal entre os diferentes níveis.
   ( ) Podemos aplicar a metodologia do marco lógico a qualquer programa ou projeto, mesmo que não tenha sido elaborado pelo método.
   ( ) Na matriz do marco lógico, a primeira linha e a quarta coluna estão dentro da área do controle direto do programa.
   ( ) A árvore de problemas é uma técnica visual para identificação e priorização de problemas, objetivos e decisões na qual a informação é organizada no formato de árvore.
   ( ) As causas críticas constituem um subconjunto das causas responsáveis por um problema social.

2. Assinale a(s) alternativa(s) FALSA(s) em relação à análise de interesses:
   a. *Stakeholders* são indivíduos, grupos de indivíduos ou organizações que estão envolvidos numa política pública ou podem ser afetados favorável ou desfavoravelmente por ela.
   b. O conhecimento dos *stakeholders* envolvidos e da sua influência assume considerável importância no sucesso do processo de elaboração e de gestão de uma política pública. O próprio processo deve incorporar ações visando minimizar as interferências/resistências dos *stakeholders* contrariados e potencializar a colaboração dos grupos favoráveis.
   c. É recomendável que se realize a análise de interesses logo após a identificação das causas do problema e da proposição das ações que levarão à resolução de cada uma das causas identificadas. Somente após a definição das ações governamentais que farão parte do programa é que ficam mais

claramente identificados os *stakeholders* e a forma com que seus interesses serão impactados pelas ações do programa.
    d. O objetivo de uma análise de interesses é identificar todos os atores envolvidos na política pública em questão.
    e. Existem políticas públicas que não possuem *stakeholders* importantes que sejam contrários a elas.

3. Assinale a(s) alternativa(s) FALSA(s). O marco lógico:
    a. é uma matriz que provê uma estrutura lógica que permite a formulação e a gestão de uma política pública.
    b. não pode analisar ou reformular um programa se não tiver sido construído com base nesse método.
    c. pode indicar se os objetivos estão sendo alcançados ou não e mostrar os fatores externos que escapam do controle direto do programa.
    d. permite o monitoramento por meio dos indicadores predefinidos e a avaliação de programas sob a ótica do cumprimento de seus objetivos diretos e dos impactos causados na sociedade.
    e. é utilizado para monitorar e avaliar projetos privados.

4. Assinale a(s) alternativa(s) FALSA(s):
    a. A matriz de decisão é um método simples que pode ser utilizado para a priorização e/ou escolha de políticas públicas.
    b. A árvore de problemas é uma ferramenta metodológica para a escolha e a delimitação do problema focal, que será objeto de uma política pública, e para a identificação das causas principais que determinam a existência desse problema.
    c. A árvore de soluções oferece um método para a identificação e a escolha das ações que constituirão a política pública que vai solucionar o problema em questão.
    d. A análise de interesses possibilita a identificação dos atores estratégicos, que poderão contribuir ou obstaculizar a

execução e a obtenção dos resultados pretendidos por uma determinada política pública.

e. A definição precisa do problema social e a identificação precisa de suas causas não têm importância para o êxito ou o fracasso de uma política pública.

5. Em relação à ferramenta marco lógico:
I. É uma ferramenta bastante apropriada para a execução de um programa governamental, mas não serve para monitorá-lo e avaliá-lo.
II. Permite verificar em que grau o objetivo do programa está sendo atingido e alerta para fatores externos ao programa que podem comprometer o objetivo pretendido.
III. Possibilita delimitar com maior precisão os objetivos envolvidos em um programa.
IV. O marco lógico oferece uma estrutura lógica e simplificada para ser utilizada em todas as fases de uma política pública: formulação, implantação, monitoramento permanente, avaliação e reprogramação.
V. Sua utilização induz a que os programas e suas ações tenham maior clareza e precisão em relação aos seus objetivos, produtos e as tarefas necessárias para obtê-los.
a. Apenas o item I é falso.
b. Todos os itens são verdadeiros.
c. Apenas os itens II, III e IV são verdadeiros.
d. Os itens I e II são falsos.
e. Apenas o item IV é falso.

Questão comentada

Em relação às principais ferramentas de suporte à formulação e à gestão das políticas públicas:

I. A análise de interesses não é necessária no caso de um projeto social destinado a combater a alta taxa de mortalidade infantil.
II. A árvore de problemas auxilia a identificação do problema-focal.
III. A árvore de objetivos deve ser elaborada antes da árvore de problemas.
IV. Não é recomendável incorporar critérios políticos em uma matriz de decisão.
V. O marco lógico não pode ser aplicado a um programa que tenha sido elaborado com base em outra metodologia.
  a. Os itens I e II são verdadeiros.
  b. Os itens II e III são verdadeiros.
  c. Apenas o item IV é verdadeiro.
  d. Apenas o item II é verdadeiro.
  e. Todos os itens são verdadeiros.

Resposta: alternativa "d".

Comentário: apenas o item II é verdadeiro. O item I é falso porque a análise de interesses deve sempre ser realizada. Mesmo em casos de políticas públicas sociais em que aparentemente não existem opositores, é a análise do impacto que cada uma das ações propostas tem sobre os diversos interesses envolvidos que permitirá verificar a existência ou não de opositores. O item III é falso porque a árvore de objetivos é elaborada invertendo-se os enunciados das causas-problema na árvore de problemas. O item IV é falso porque critérios políticos são essenciais aos decisores e a matriz é elaborada para auxiliar decisões, que são naturalmente políticas. Finalmente, o item V também é falso, pois o marco lógico pode ser aplicado independentemente do método usado na elaboração do programa.

capítulo seis

Indicadores

Conteúdos do capítulo:

- Indicadores e informações para a gestão pública;
- Monitoramento e avaliação das políticas públicas;
- Índices;
- Características dos indicadores.

Após o estudo deste capítulo, você será capaz de:

- reconhecer a importância dos indicadores para avaliar planos ou programas governamentais.

Os indicadores são instrumentos imprescindíveis no processo de formulação e de gestão das políticas públicas. Qualquer tipo de avaliação ou de monitoramento de planos, de programas ou de ações governamentais está baseado na análise de indicadores.

Não podemos intervir objetivamente na realidade, tampouco realizar a gestão dessa intervenção, que é corrigir permanentemente os rumos das ações e das políticas de governo para levá-las a se aproximar cada vez mais dos objetivos que pretendem alcançar sem a utilização de indicadores.

Outra questão crucial relacionada aos indicadores utilizados para monitorar e para avaliar os programas e as ações governamentais é que estes devem ser formulados de forma a permitir que os seus resultados sejam medidos. A "dificuldade" em estabelecer os indicadores para um programa ou para uma ação governamental, na maior parte dos casos, está relacionada ao fato de o programa (ou ação) estar imprecisamente formulado.

Os programas devem ser formulados de forma a permitir que sejam monitorados e avaliados. Programas excessivamente abrangentes e imprecisos em relação ao(s) objetivo(s) – caso dos denominados *"programas guarda-chuvas"*, que se caracterizam por abrigar ações frequentemente em número elevado e com finalidades que não guardam adequada coerência com os seus objetivos – encontram sérias dificuldades no que se refere à escolha de indicador(es) para que seus resultados possam ser monitorados, medidos e avaliados.

6.1 *Indicadores e informações*

Como vimos anteriormente, a realidade tende a ser interpretada conforme as preferências, os valores e os conhecimentos dos atores que a descrevem, por isso, o suporte dos indicadores torna-se imprescindível para diminuir o grau de subjetividade, de imprecisão ou de equívoco nos diagnósticos.

Um problema existente na sociedade e que esteja sob análise não pode ter sua dimensão inferida tendo por base as impressões pessoais dos envolvidos na questão. A real dimensão do problema deve ser estabelecida preferencialmente com o suporte em dados estatísticos que possibilitem o reconhecimento e a aceitação dessa dimensão por toda e qualquer pessoa.

No processo de gestão das políticas públicas, os indicadores são necessários para o monitoramento e a avaliação dos resultados obtidos, sempre tendo em vista que, no âmbito da avaliação das políticas públicas, mais importante que "medir" os resultados é saber se a sociedade está satisfeita com eles, pois, no ambiente democrático contemporâneo, a relação do Estado com a sociedade é uma relação de parceria. Nesse contexto, avaliar uma política pública é fundamentalmente "medir" a sua efetividade.

> Os programas devem ser formulados de forma a permitir que sejam monitorados e avaliados.

No âmbito desta obra, os indicadores são entendidos como informações direcionadas aos propósitos da avaliação, do estudo, da análise, da formulação e da gestão das políticas públicas.

Nesse amplo escopo, os indicadores compreendem tanto as informações verbais ou escritas obtidas para realizar o monitoramento de determinada tarefa, projeto, atividade ou programa quanto as informações de índices, taxas, coeficientes, proporções, percentagens, entre outros elementos da estatística.

Assim, um índice, uma taxa, um coeficiente, um número simples ou até mesmo uma informação verbal pode ser um indicador, dependendo do quadro referencial de propósitos e de conceitos em que for inserido.

Os indicadores norteiam as correções que devem ser realizadas para que os objetivos (muitas vezes também expressos por indicadores) sejam alcançados. No marco lógico, ferramenta proposta nesta obra como um instrumento adequado à gestão, os indicadores são os elementos mais importantes.

- No processo de gestão das políticas públicas, os indicadores são necessários para o monitoramento e para a avaliação dos resultados obtidos.

- Um indicador não é apenas um dado. É uma medida que permite inferir atributos desse dado, tais como qualidade, impacto, resultado etc. Um indicador deve ser elaborado por meio de uma definição, de um valor e de uma unidade de medida.

É possível classificar os indicadores em: indicadores de resultados e indicadores de impacto. Os indicadores de resultados, por sua vez, podem ser de produtos e de objetivos.

Indicadores de resultados

- INDICADORES DE RESULTADOS PARA PRODUTOS – Referem-se à própria atividade da intervenção, medindo os produtos (bens ou serviços) em termos físicos (ex.: postos de saúde construídos). No marco lógico, correspondem às linhas das ações e das tarefas.
- INDICADORES DE RESULTADOS PARA OBJETIVOS – Os indicadores de resultados relacionam-se aos efeitos diretos do programa e correspondem, no marco lógico, à linha objetivo do programa. Os indicadores de resultados fornecem informação quantitativa acerca do nível de êxito alcançado pelo programa, podendo cobrir tanto aspectos quantitativos como qualitativos desse êxito. Esses indicadores podem ser físicos, como no caso do aumento de postos de trabalho, da redução do número de acidentes de trânsito etc., ou financeiros, como a redução no custo de transporte.

Indicadores de impacto

Os indicadores de impacto oferecem informações sobre aspectos mais amplos, como a situação socioeconômica e ambiental, e estão frequentemente fora do controle direto de um programa. No marco lógico, correspondem à linha finalidade.

6.2 Uso de indicadores no monitoramento e na avaliação

O monitoramento e a avaliação são conceitos interligados, mas apresentam distinções quanto a seus objetivos e a suas funções. MONITORAR significa acompanhar de forma sistemática e consiste, fundamentalmente, na comparação de produtos ou resultados obtidos com as metas ou quantidades programadas. Assim, a tarefa de monitorar indicadores de produto e resultados é, geralmente, muito simples.

✦ Um indicador não é apenas um dado. É uma medida que permite inferir atributos desse dado, tais como qualidade, impacto, resultado etc. ✦

AVALIAR já é uma tarefa complexa e compreende coletar informações, não apenas do monitoramento, mas também de outras fontes para a compreensão e a explicação dos resultados causados pela política pública sobre o público-alvo e sobre os aspectos econômico, social e ambiental do seu entorno.

Assim, avaliar não é uma mera comparação entre metas obtidas e metas previstas. É necessário situar os resultados obtidos no contexto social e econômico mais amplo em que o programa está inserido.

Para avaliar políticas públicas, os indicadores mais adequados são os de impacto, pois expressam transformações finais, ocorridas no médio e no longo prazo, na realidade pela intervenção pública. Impacto é o resultado de médio e/ou de longo prazo gerado pela dinâmica socioeconômica a partir dos efeitos causados por um programa. Por exemplo: se um programa destinado a elevar a escolaridade em uma região for avaliado apenas por meio do seu indicador de resultado, que neste exemplo é a taxa de escolaridade, não será possível aferir o efeito global (ou impacto) que esse aumento da escolaridade teve sobre o desenvolvimento social e econômico da população da região.

A análise dos indicadores de impacto não é tão objetiva quanto a análise dos indicadores de resultados, pois envolve aspectos mais abrangentes e complexos.

A avaliação dos impactos causados por uma política pública é, portanto, uma tarefa relativamente complexa, que exige análises mais profundas e, muitas vezes, somente a experiência pessoal dos analistas é que pode permitir bons resultados.

Outra dificuldade relacionada aos indicadores de impacto é o fato de, geralmente, eles estarem publicados ou disponíveis apenas após um longo período de tempo.

Na gestão das políticas públicas, a avaliação tem importância fundamental e contribui para um aprendizado crescente do processo de gestão, para a melhoria da alocação dos recursos e para a melhoria das decisões a serem tomadas, além de possibilitar a necessária prestação de contas aos cidadãos e às instituições responsáveis pelo controle social dos governos.

✦ Para avaliar políticas públicas, os indicadores mais adequados são os de impacto. ✦

6.3 Índices

Os índices constituem uma categoria especial de indicadores. São também denominados *indicadores compostos*. Combinam diferentes indicadores em um único número.

São RESULTANTES DA COMPARAÇÃO entre duas grandezas independentes. Exemplos:

a. Produção per capita = $\dfrac{\text{Valor da produção da região no período}}{\text{População total da região}}$

b. Q.I. = $\dfrac{\text{Idade mental}}{\text{Idade cronológica}}$

Constituem relações entre duas variáveis ou entre uma variável e uma constante. São particularmente úteis para estudos que incorporem tempo e espaço nas comparações. Por exemplo: o número de telefones por mil habitantes é uma relação entre uma variável e uma constante. A relação de alunos aprovados e de alunos matriculados é uma relação entre duas variáveis. Estão frequentemente relacionados a local e a época.

Podemos encontrar casos em que um indicador isoladamente não seja suficiente para fornecer as informações mais adequadas sobre uma certa realidade analisada. Por exemplo: para inferir aspectos mais abrangentes da realidade, como o nível de desenvolvimento social e econômico da população de um determinado espaço geopolítico, não é possível fazê-lo de forma adequada por meio de um único indicador, como o de renda *per capita*. Esse único indicador, além de não expressar todos os aspectos considerados necessários para caracterizar o desenvolvimento social e econômico, ainda pode oferecer informações distorcidas pelo fato de não considerar a possibilidade da existência de situações em que há concentração da renda econômica, ou seja, poucas pessoas detendo a maior parte da renda e a maioria da população vivendo em situação de elevada pobreza.

Nesses casos, recomendamos o uso de índices-síntese – índices compostos por dois ou mais indicadores – que possibilitem agregar temas correlacionados que sejam determinantes para o aspecto da realidade que se busca medir. Entre os índices-síntese, um dos mais conhecidos é o Índice de Desenvolvimento Humano (IDH).

Índice de Desenvolvimento Humano (IDH)

O IDH é uma medida que PERMITE AVALIAR E MEDIR A QUALIDADE DE VIDA de uma população. Foi criado em 1990 pelo economista paquistanês Mahbud ul Hag e, desde 1993, a ONU vem usando esse indicador no seu relatório anual do Programa das Nações Unidas para o Desenvolvimento (PNUD).

O índice é uma medida comparativa de riqueza, de alfabetização, de educação, de esperança de vida e de natalidade, além de ser uma maneira padronizada para avaliar e medir o bem-estar de uma população.

Atualmente, é bastante utilizado pelos governos como indicador para escolha de áreas prioritárias para a execução de políticas públicas.

A construção do IDH

a. Para a educação, o cálculo do IDH considera dois indicadores: a taxa de alfabetização, que é o percentual de pessoas acima de 15 anos que são alfabetizadas numa população (possui peso 2), e a taxa de escolarização (peso 1), que é o somatório das pessoas que frequentam qualquer curso (fundamental, médio, superior, supletivo, pós-graduação), dividido pelo total de pessoas entre 7 e 22 anos na população considerada.
b. Para a longevidade, considera-se o indicador esperança de vida ao nascer, que mostra a quantidade de anos que uma pessoa nascida em um determinado ano de referência na população considerada deve viver.
c. Para a renda, é tomado o Produto Interno Bruto (PIB) *per capita* da população.

O cálculo do IDH

O cálculo do IDH é resultante da seguinte média aritmética:
IDH = (L + E + R)/3.
Em que: L = longevidade; E = educação e R = renda.

A LONGEVIDADE (L), por sua vez, é obtida pela fórmula:
L = (EV − 25)/60
Em que: EV é a expectativa de vida.

O INDICADOR DE EDUCAÇÃO (E) é obtido pela fórmula:
E = (2TA + TE)/3
Em que: TA = taxa de alfabetização e TE = taxa de escolarização.

A RENDA, por sua vez, é obtida pela fórmula:
R = (LOG 10 PIB pc − 2)/2,60206
Em que: log 10 PIB pc = logaritmo decimal do PIB *per capita*.

A *classificação do IDH*

- O IDH varia de 0, que significa nenhum desenvolvimento humano, até 1, que representa o máximo de desenvolvimento humano.
- Quando o IDH está entre 0 e 0,499, o índice é considerado baixo.
- Quando o IDH está entre 0,500 e 0,799, o índice é considerado médio.
- Quando o IDH está entre 0,800 e 1, o índice é considerado alto.

6.4 *Atributos dos indicadores*

Para que tenham qualidade, os indicadores devem apresentar as seguintes características:

- FINALIDADE − Um indicador deve estar ligado diretamente aos objetivos de um programa. A utilidade dos indicadores é ainda maior quando os objetivos dos programas forem definidos em termos de metas aplicáveis às definições dos indicadores.
- DISPONIBILIDADE DE DADOS − Um indicador não é de grande valia se for obtido somente uma vez, pois não permite comparações entre o "antes" e o "depois". Outra dificuldade surge quando as estatísticas são publicadas um longo período após a coleta de informações.
- SENSIBILIDADE EM RELAÇÃO À ATUAÇÃO DO GOVERNO − Quando um indicador é escolhido para avaliar um programa, este deve ser capaz de provocar alterações nesse indicador.

- **Confiabilidade e credibilidade** – A confiabilidade se aplica quando as mesmas medidas, coletadas por pessoas diferentes, mas nas mesmas condições, produzem o mesmo valor. Já a credibilidade depende fundamentalmente do método de apuração das informações e da reputação da instituição responsável por sua divulgação. Preferencialmente, a informação deve ser coletada por agências externas, e não pelos responsáveis diretos pela implementação do programa.
- **Comparabilidade** – A utilidade de um indicador também depende da possibilidade de COMPARAÇÃO COM OUTROS PROGRAMAS e diferentes localidades.
- **Validade** – Um bom indicador DEVE SER BEM COMPREENDIDO POR TODOS AQUELES QUE O UTILIZAM. É importante que os indicadores, particularmente os de impacto, reflitam alguma percepção de melhora ou piora por parte da sociedade. Se a mudança não foi percebida, o indicador apresenta alguma falha.

É de fundamental importância no processo de monitoramento e avaliação de um programa governamental que o(s) indicador(es) escolhido(s) para medir os seus resultados apresente(m) um suficiente grau de qualidade. As características descritas permitem inferir se o indicador escolhido tem a qualidade necessária.

6.5 Outras ferramentas de estimação

Além dos índices que, como vimos, constituem uma forma muito útil de indicador, outras ferramentas de estimação que se valem de fórmulas ou de expressões algébricas para produzir resultados numéricos, como é o caso das proporções, das porcentagens, dos coeficientes e das taxas, também assumem a característica de um indicador quando refletem situações ou fatos passíveis de inferências e/ou comparações. Essas ferramentas de estimação são as seguintes:

a. PROPORÇÃO E PORCENTAGEM – Proporção é a comparação do número de unidades observáveis de uma dada categoria (intervalo de classe) com o total de unidades observáveis que compõe a distribuição. Porcentagem é a proporção em relação a 100 unidades.

Proporção $P = n/N$

Porcentagem $P\% = n \cdot 100/N$

Em que: n = número de unidades observáveis na amostra e N = total da amostra.

b. COEFICIENTES – É a comparação entre duas grandezas, quando uma está contida na outra. Indica a comparação entre o número de unidades observáveis efetiva e o número potencial.

$$\text{Coeficiente de mortalidade} = \frac{\text{Número de óbitos}}{\text{População total}}$$

$$\text{Coeficiente de aproveitamento escolar} = \frac{\text{Número de aprovados}}{\text{Total de alunos}}$$

c. TAXA – É um coeficiente multiplicado sempre por uma potência de 10 para facilitar a apresentação do indicador.

$$\text{Coeficiente de mortalidade} = \frac{6.000}{400.000} = 0{,}015$$

$$\text{Taxa de mortalidade} = \frac{6.000}{400.000} \cdot 10^3 = 15 \text{ óbitos por 1.000 habitantes}$$

Os INDICADORES vêm sendo objeto de crescente atenção por parte das áreas governamentais responsáveis pela formulação e pela avaliação das políticas públicas, uma vez que a produção de resultados efetivos pelas ações governamentais se tornou uma necessidade imperativa, seja pela pressão da sociedade, seja pela pressão crescente dos órgãos constitucionais responsáveis pelo controle da eficiência e da eficácia dos gastos governamentais. Assim, na atualidade, já não é mais possível realizar a gestão de programas governamentais sem o suporte fornecido por um sólido sistema de indicadores.

Síntese

No sexto capítulo, tratamos dos indicadores, que são instrumentos de avaliação de ações governamentais importantes para monitorar os resultados das políticas públicas. Eles também servem para indicar que correções devem ser feitas para que os resultados sejam obtidos. Vimos que os indicadores podem ser classificados em indicadores de resultados e indicadores de impacto.

Ainda neste capítulo apresentamos os índices, que são categorias especiais de indicadores, pois combinam diferentes indicadores em um só número. Um índice bastante conhecido é o IDH, que avalia a qualidade de vida de uma população. Vimos também que os indicadores devem apresentar as seguintes características: finalidade, disponibilidade de dados, sensibilidade em relação à atuação do governo, confiabilidade, credibilidade, comparabilidade e validade. E, por fim, conhecemos outras ferramentas de estimação: proporção, porcentagem e coeficientes.

Questão para reflexão

Fale sobre a função dos indicadores.

Questões para revisão

1. Assinale (V) para as proposições verdadeiras e (F) para as falsas:
   (   ) Um indicador pode ser definido como a medida de um resultado a ser perseguido.
   (   ) Os indicadores de impacto oferecem informações sobre os efeitos mais amplos de uma política pública sobre o ambiente socioeconômico.
   (   ) Os indicadores de objetivo não medem os efeitos diretos causados por uma política.
   (   ) Um índice-síntese não pode ser um bom indicador.
   (   ) O IDH é um índice-síntese que mede somente a renda e a expectativa de vida de uma população.

2. Assinale a(s) alternativa(s) FALSA(s):
   a. Proporção é a comparação do número de unidades observacionais de uma dada categoria (intervalo de classe) com o total de unidades observacionais que compõe a distribuição. Porcentagem é a proporção em relação a 100 unidades.
   b. Uma taxa é um coeficiente, apenas apresentando-se multiplicado por uma potência de 10 para facilitar a apresentação do indicador.
   c. Os índices constituem uma categoria especial de indicadores.
   d. Os índices são relações entre duas variáveis ou entre uma variável e uma constante.
   e. Uma proporção não é a comparação entre duas grandezas em que uma está contida na outra.

3. Assinale a(s) alternativa(s) FALSA(s):
   a. O IDH é uma medida que permite avaliar e estimar a qualidade de vida de uma população.

b. O indicador referente ao conjunto do programa deve ter a característica de um indicador de síntese.
c. O IDH não é um indicador de síntese.
d. Os indicadores de resultado relacionam o efeito direto de um programa sobre o público-alvo.
e. Os indicadores de impacto avaliam os efeitos mais amplos de um programa sobre a realidade.

4. Em relação aos indicadores, assinale a(s) alternativa(s) FALSA(s):
   a. Podem ser vistos como informações direcionadas ao propósito do estudo, da análise, da formulação, da execução e da avaliação das políticas públicas.
   b. Não são apenas os índices, as percentagens, as taxas e os outros elementos da estatística. Os indicadores compreendem também as informações verbais ou escritas que são utilizadas para monitorar ações e tarefas de um programa.
   c. Têm importância fundamental na gestão das políticas públicas, pois são necessários para monitorar, avaliar e nortear as correções que se fizerem necessárias na execução.
   d. Na formulação dos programas governamentais, é necessário o estabelecimento de indicadores que permitam que os programas possam ser avaliados.
   e. Uma informação verbal ou um relatório escrito não podem ser utilizados como indicador quando não propiciarem informações estatísticas.

5. Assinale a(s) alternativa(s) FALSA(s):
   a. O IDH, criado para medir o nível de desenvolvimento humano, não é um indicador.
   b. Proporção é a comparação do número de unidades observáveis de uma dada categoria (intervalo de classe) com o total de unidades observáveis que compõe a distribuição. Porcentagem é a proporção em relação a 100 unidades.

c. Um coeficiente é a comparação entre duas grandezas em que uma está contida na outra. Indica a comparação entre o número de unidades observáveis efetiva e o número potencial.
d. Taxa é um coeficiente multiplicado por uma potência de 10.
e. O IDH é um indicador criado para medir o nível de desenvolvimento humano.

Questão comentada

Em relação aos indicadores, identifique a alternativa FALSA:
a. Para avaliar políticas públicas, os indicadores mais adequados são os de impacto, que expressam transformações ocorridas na realidade pela intervenção pública. Impacto é o resultado de médio e\ou longo prazo gerado pela dinâmica socioeconômica com base nos efeitos causados por um programa.
b. Os indicadores têm papel fundamental na gestão das políticas públicas, pois são necessários para o monitoramento, para a avaliação e para nortear as correções que devem ser realizadas.
c. Existem programas governamentais que, por características próprias, não possibilitam a escolha de indicador(es) que permita (m) monitorá-los e avaliá-los.
d. Os indicadores compreendem tanto as informações, verbais ou escritas, obtidas para realizar o monitoramento de determinada tarefa, projeto, atividade ou programa quanto as informações de índices, taxas, coeficientes, proporções e percentagens.
e. O IDH é uma medida que permite avaliar e medir a qualidade de vida de uma população. É uma medida comparativa de riqueza, alfabetização, educação, esperança de vida e natalidade.

Resposta: alternativa c.

Comentário: é requerimento obrigatório todo programa apresentar um ou mais indicadores que permitam avaliá-lo. A "dificuldade" existente em estabelecer os indicadores para um programa ou ação governamental, na maior parte dos casos, está relacionada ao fato do programa estar imprecisamente formulado. Programas excessivamente abrangentes e imprecisos em relação ao objetivo, caracterizados por ações em número elevado e com finalidades que não guardam coerência com o objetivo destes, encontram sérias dificuldades no que se refere à escolha de indicador(es) para que seus resultados possam ser monitorados e avaliados. Em outras palavras, os programas devem ser formulados de forma a permitir que possam ser monitorados e avaliados.

capítulo sete

Serviços públicos

Conteúdos do capítulo:

+ Serviços públicos;
+ Poder concedente;
+ Provimento de serviços públicos.

Após o estudo deste capítulo, você será capaz de:

+ identificar os tipos de serviços públicos e as formas de provimento existentes.

Os serviços públicos sempre representaram o objeto central da preocupação do modelo do Estado do bem-estar social e se constituem os objetivos da maioria das políticas públicas nos dias de hoje.

O número de termos para se referir a serviços públicos é bastante extenso na literatura. Expressões como *serviços públicos de interesse geral, serviços públicos básicos, serviços públicos essenciais, serviços públicos universais, serviços de utilidade pública, serviço público adequado*, entre outras, aparecem com frequência.

No Brasil, não encontramos um conceito formalmente estabelecido em lei para serviço público. Assim, para uma mais clara identificação de quais atividades são consideradas serviços públicos, é necessário recorrer aos artigos da Constituição e ou leis que disciplinam a prestação de serviços no país, das quais a principal é a Lei nº 8.987/1995 (Brasil, 1995a), ou Lei das Concessões.

Não existe incondicional liberdade para qualificar qualquer atividade como serviço público. Conforme Luiz Alberto Blanchet,

> É serviço público somente a atividade assim considerada pela Constituição da República ou pela lei, atividade prestada de forma permanente submetida ao regime de direito público, executada concreta e diretamente pelo Estado, ou por aqueles a quem tal incumbência for delegada, visando à satisfação de necessidades ou à criação de utilidades, ambas de interesse coletivo. (Blanchet, 2004, p. 55)

No âmbito deste livro, dois conceitos de serviços públicos serão considerados: o de SERVIÇOS PÚBLICOS DE INTERESSE GERAL e o de SERVIÇOS PÚBLICOS ESSENCIAIS, ainda que, como veremos, não seja possível estabelecer uma distinção nítida entre ambos.

Os SERVIÇOS PÚBLICOS DE INTERESSE GERAL APRESENTAM O caráter de serem ou não essenciais e o de serem ou não comerciais. O que determina se um serviço público é ou não é essencial são as condições específicas em cada sociedade.

Maria Elena Corrales (1999) ressalta que a "valoração social", ou o "grau de essencialidade" que é atribuído aos diferentes serviços de interesse geral, é muito variável entre os serviços e entre os países. Os SERVIÇOS PÚBLICOS NÃO COMERCIAIS são financiados pelo conjunto da sociedade por meio de impostos (exemplo é a educação básica), enquanto os SERVIÇOS PÚBLICOS COMERCIAIS são financiados diretamente pelos usuários (exemplos são a energia elétrica e o abastecimento de água).

Segundo Miguel Solanes (1999), os serviços públicos desempenham uma função estrutural na sociedade moderna. São elementos que distinguem qualitativamente uma sociedade. Os sistemas de organização da produção e de ocupação populacional seriam inconcebíveis se não existissem serviços públicos eficazes em grande escala.

7.1 Serviços públicos de interesse geral

Os serviços públicos de interesse geral englobam todos os serviços básicos que são necessários ao bom funcionamento de uma sociedade, ou seja, são os serviços utilizados praticamente por todos os cidadãos e representam para eles uma necessidade básica.

Assim, podemos considerar de interesse geral todo serviço público que satisfaz às necessidades básicas nos campos social, econômico e cultural da maioria dos cidadãos.

Do ponto de vista social, os serviços de interesse geral são necessários à vida e à participação social, além do que, os consumidores gastam neles uma fatia muito significativa do seu orçamento, motivo que os torna de grande importância.

Uma delimitação mais precisa ou uma identificação de quais são os serviços considerados de interesse geral somente pode ser feita para cada sociedade. Em regra, quanto maior o grau de desenvolvimento de um país, maior a quantidade de serviços que são considerados de interesse geral.

Atualmente, na maioria dos países, são considerados serviços de interesse geral: abastecimento de água, esgotamento sanitário, energia elétrica, saúde, telecomunicações, serviços postais, funerários, limpeza urbana, transporte coletivo urbano, transportes ferroviário, aquaviário e rodoviário, transporte aéreo, gás canalizado, infraestrutura portuária, portos marítimos, fluviais e lacustres, rádio e televisão, seguridade social, educação, segurança pública e os demais serviços que necessitam da autoridade pública ou poder de Estado para ser prestado.

7.2 Serviços públicos essenciais

Os serviços públicos essenciais constituem um subconjunto, ainda que não seja perfeitamente delimitável, dos serviços de interesse geral. São serviços que ATENDEM ÀS NECESSIDADES BÁSICAS NAS SOCIEDADES, e a sua ausência compromete a coesão social e determina a qualidade de vida da população (Corrales, 1999).

Não é possível estabelecer uma fronteira perfeitamente nítida entre os serviços públicos de interesse geral que são considerados essenciais e os que não o são. Alguns serviços, como é o caso do abastecimento de água e do saneamento, encontram-se no centro do equilíbrio social em qualquer país. Tais serviços não têm substitutos e sua ausência afeta diretamente a saúde individual e pública (Corrales, 1999).

Por sua vez, os serviços de energia elétrica e de telecomunicações constituem a base de sustentação da sociedade moderna e sua disponibilidade determina o atual e o futuro desenvolvimento delas. Num outro plano, os serviços de gás estão sujeitos a uma menor pressão social, dada a relativamente ampla possibilidade de substituição que esse energético apresenta (Corrales, 1999).

A ESSENCIALIDADE dos diversos serviços públicos é estabelecida, portanto, em cada país em função do seu grau de desenvolvimento e, principalmente, da pressão que a sociedade exerce sobre o governo no tocante ao provimento dos serviços públicos.

A distribuição de gás canalizado é um exemplo dessa diferença de essencialidade: em grande parte dos países desenvolvidos, esse serviço está incluído no rol dos essenciais, enquanto em países em desenvolvimento, como o Brasil, esse mesmo serviço ainda não é considerado essencial.

Os serviços públicos essenciais impactam de forma significativa a renda das pessoas e fazem parte da estrutura de custos das indústrias. O valor de suas tarifas sempre é objeto de grande atenção da sociedade, daí uma das principais razões da necessidade de um adequado controle governamental sobre os serviços que forem concedidos a exploração privada.

7.3 Princípios fundamentais dos serviços públicos essenciais

Principalmente na Europa, após a Segunda Guerra Mundial, os Estados asseguraram a prestação direta dos serviços essenciais à população, de acordo com princípios que visavam garantir o acesso de todos os cidadãos, e os consumidores passaram a considerá-los como direitos sociais.

No entanto, em muitas situações, a prestação de determinados serviços pelo estado, mormente os de caráter econômico, conduziu a uma situação de ineficiência e pouca competitividade. A tendência, nas últimas décadas, tem sido no sentido de conceder à exploração privada os serviços de Estado com caráter comercial e de liberalizar os mercados que tradicionalmente eram explorados em regime de monopólio.

Aqui no Brasil, a Lei nº 8.987/1995, ou Lei das Concessões, que regulamentou o art. 175 da Constituição Federal, determina, no seu art. 7º, inciso I, o direito ao usuário de "receber serviço adequado" e define serviço público adequado, no seu art. 6º, parágrafo 1º, como "aquele que satisfaz as condições de regularidade, continuidade, eficiência, segurança, atualidade, generalidade, cortesia na sua prestação e modicidade de tarifas".

Assim, é necessário que esses serviços sejam prestados de acordo com alguns princípios considerados fundamentais aos serviços públicos essenciais. Entre os mais importantes, estão:

a. Princípio da universalidade – Os serviços devem SER ACESSÍVEIS A TODOS OS CIDADÃOS. Para que isso seja possível, as tarifas devem ser módicas e é preciso existirem normas governamentais para que os serviços possam ser estendidos às pessoas que não disponham de renda suficiente para arcar com o valor das tarifas. Outras situações que tendem a excluir os cidadãos, como a distância a que eles estão das redes de serviços ou a insuficiente concentração geográfica dos consumidores, o que poderia impedir a viabilização econômica da implantação das redes, também não devem ser impeditivas ao acesso.

É comum a prática de subsídios diretos ou cruzados por parte do Estado para viabilizar o acesso das pessoas de menor renda aos serviços. Também tem sido comum a inclusão, nos contratos de concessões, da exigência de que as empresas concessionárias de serviços públicos garantam o acesso universal aos serviços explorados.

b. Princípio da legalidade – O que qualifica a atividade como serviço público é a LEI.

c. Princípio da isonomia – Equivale ao princípio constitucional da impessoalidade. O serviço público deve funcionar IGUALMENTE PARA TODOS, sem fazer distinção entre pessoas.

d. Princípio da continuidade – "Todas as atividades realizadas pela administração pública devem ser ININTERRUPTAS, para que o atendimento do interesse da coletividade não seja prejudicado" (Blanchet, 2004).

e. Princípio da modicidade das tarifas – Aplicado aos serviços que, específicos e divisíveis, são cobrados individualmente, de acordo com a utilização de cada um. Segundo esse princípio, as tarifas pagas pelo serviço público prestado devem ser fixadas num VALOR ACESSÍVEL AOS USUÁRIOS.

f. PRINCÍPIO DA EFICÁCIA – Recentemente inserido entre os princípios constitucionais da administração pública, esse princípio, significa a necessidade de a prestação atender às finalidades do serviço e observar os parâmetros de qualidade estabelecidos em lei.

g. PRINCÍPIO DA ADAPTABILIDADE – Possibilita mudanças no regime de execução dos serviços para adaptá-lo ao INTERESSE DA COLETIVIDADE e/ou às inovações tecnológicas e, assim, atender às necessidades do momento, devendo, para isso, estar em constante adaptação.

A observância desses princípios na prestação dos serviços públicos é imprescindível para o adequado funcionamento das sociedades. Independentemente da forma como sejam ofertados – se diretamente pelo Estado, por meio de empresas ou órgãos públicos, ou pela iniciativa privada, por meio de concessões –, os serviços públicos fazem parte dos direitos dos cidadãos e devem ser assegurados pelo Estado, daí a razão de a Constituição enumerar, para cada esfera de governo no Brasil, os serviços públicos de sua titularidade e responsabilidade.

7.4 Poder concedente

Poder concedente é a ESFERA PÚBLICA DE PODER (União, estado, Distrito Federal ou município) TITULAR DA OBRIGAÇÃO DE PRESTAÇÃO DO SERVIÇO PÚBLICO e, portanto, responsável por dimensionar, planejar e decidir sobre a política de oferta do serviço em questão e a estratégia para atendê-la. A titularidade dos serviços públicos no Brasil encontra-se estabelecida na Constituição Federal de 1998 (Brasil 1988).

A Constituição Federal enumera a competência privativa da União (art. 22), estabelece expressamente a competência municipal vinculada aos assuntos de interesse local (art. 30, I) e atribui aos Estados a competência remanescente (art. 25, parágrafo 1º).

No aspecto dos serviços públicos, segundo o art. 21, incisos XI e XII, da Constituição Federal, à UNIÃO cabe a prestação de serviços relativos a: telecomunicações, radiodifusão sonora de sons e imagens, instalações de energia elétrica e aproveitamento dos cursos de água para fins energéticos, navegação aérea, aeroespacial e a infraestrutura aeroportuária, transporte ferroviário e aquaviário, quando se deem entre portos brasileiros e as fronteiras nacionais ou transponham os limites de um Estado ou território, transporte rodoviário interestadual ou internacional de passageiros e portos marítimos, fluviais e lacustres.

Aos MUNICÍPIOS cabe a prestação de serviços de interesse local, como transporte rodoviário urbano, esgotamento sanitário, distribuição domiciliar de água, serviços funerários, coleta de lixo, entre outros.

Aos ESTADOS cabe a competência remanescente: distribuição de gás canalizado; transporte ferroviário, exceto quando de competência da União, transporte rodoviário intermunicipal, transporte aquaviário, exceto nos casos em que tal competência seja da União, distribuição de água em conjunto com os municípios, quando a captação se der fora dos limites territoriais destes ou quando o Estado concorrer com a adução ou tratamento do líquido.

O Quadro 7.1, que veremos mais à frente, sintetiza os principais serviços públicos e o respectivo poder concedente no Brasil.

O poder concedente tem a prerrogativa dada pela Constituição de estabelecer a forma como o serviço público que está sob sua alçada será provido: se diretamente, por uma empresa pública, ou indiretamente, por meio de permissão ou de concessão por uma empresa privada. No entanto, em qualquer dos casos, o poder concedente é sempre o responsável pelos serviços oferecidos perante a população.

Quadro 7.1 – Serviços públicos e poder concedente no Brasil

Serviço público	Poder
Serviço postal e correio aéreo nacional.	União
Telecomunicações.	União
Radiodifusão sonora, de sons e imagens.	União
Energia elétrica.	União
Petróleo e derivados.	União
Mineração.	União
Navegação aérea, aeroespacial e infraestrutura aeroportuária.	União
Transporte ferroviário e aquaviário entre portos brasileiros e as fronteiras nacionais ou que transponham os limites de estado ou território.	União
Transporte rodoviário interestadual e internacional de passageiros.	União
Portos marítimos, fluviais e lacustres.	União
Rodovias.	União, estado, município
Transporte rodoviário intermunicipal.	Estado
Serviços públicos de interesse local (distribuição domiciliar de água, limpeza urbana, serviços funerários, transporte coletivo urbano, entre outros).	Município
Serviços de gás canalizado.	Estado
Irrigação.	Estado, município
Inspeção veicular.	Estado, município
Abastecimento de água e saneamento.	Município

(continua)

	(Quadro 7.1 – conclusão)
Saúde e assistência pública, proteção e garantia das pessoas portadoras de deficiência.	União, estado, município
Acesso à cultura, à educação e à ciência.	União, estado, município

7.5 Formas de provimento dos serviços públicos à população

Conforme a Constituição brasileira, o Estado poderá prestar os serviços públicos à população diretamente ou por meio de concessão ou permissão. "Incumbe ao poder público, na forma da lei, diretamente ou sob regime de concessão ou de permissão, sempre através de licitação, a prestação de serviços públicos", conforme preceitua o art. 175 da Carta Magna.

Dessa forma, a concessão ou a permissão não pode ser entendida apenas como uma "licença" dada pelo Estado a uma empresa para a exploração de determinado serviço público. Na transferência da execução existem rígidas obrigações por parte da empresa concessionária ou permissionária, que passa a ser objeto de fiscalização pelo Estado (Cuéllar, 2001).

AO TRANSFERIR A SUA EXECUÇÃO PARA O SETOR PRIVADO, O SERVIÇO NÃO DEIXA DE SER PÚBLICO. Embora uma empresa privada explore o serviço em seu nome, por sua conta e risco, a titularidade deste continua a ser do poder público, que poderá retomá-lo a qualquer momento, obedecidos os requerimentos legais (Cuéllar, 2001).

A Figura 7.1, a seguir, apresenta sinteticamente as formas possíveis de provimento dos serviços públicos à população.

✦ Conforme a Constituição Brasileira, o Estado poderá prestar os serviços públicos à população diretamente ou por meio de concessão ou permissão. ✦

Figura 7.1 – Serviços públicos: formas de provimento

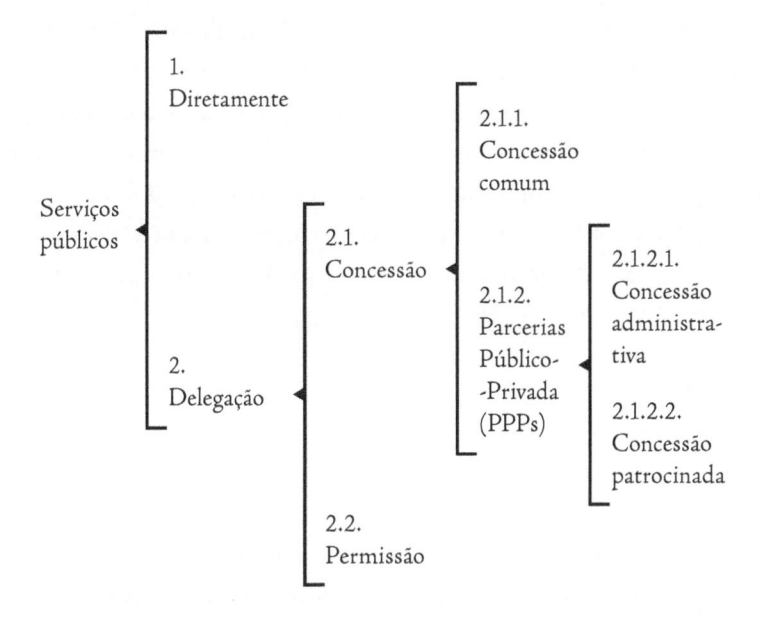

```
Serviços públicos
├── 1. Diretamente
└── 2. Delegação
    ├── 2.1. Concessão
    │   ├── 2.1.1. Concessão comum
    │   └── 2.1.2. Parcerias Público-Privada (PPPs)
    │       ├── 2.1.2.1. Concessão administrativa
    │       └── 2.1.2.2. Concessão patrocinada
    └── 2.2. Permissão
```

A DELEGAÇÃO de serviço público é a transferência pelo poder concedente a uma empresa do direito de exploração de determinado serviço público essencial mediante concessão ou permissão. A transferência por meio de permissão (realizada por ato administrativo) tem caráter precário, ou seja, pode ser revista a qualquer momento por decisão do poder concedente, enquanto a concessão é realizada por contrato administrativo, geralmente por um extenso período de tempo. Constitui a mais importante das formas de delegação (Di Pietro, 1996).

A modalidade AUTORIZAÇÃO de serviço público deixou de ser considerada pelas seguintes razões: a) o art. 175 da Constituição não faz referência à autorização de serviço público; b) segundo Di Pietro (1996), os serviços autorizados não têm a natureza de serviços públicos, são apenas atividades que, pela sua importância para o interesse público, ficam sujeitas a um maior controle por parte do Estado, mas são atividades privadas. Complementa Di Pietro (1996): "Lamenta-se apenas que o art. 21, XII, mantenha referência à autorização como forma de delegação de serviço público".

A PERMISSÃO de serviço público é, tradicionalmente, considerada ATO UNILATERAL, DISCRICIONÁRIO E PRECÁRIO pelo qual o poder público transfere a outrem a execução de um serviço público, para que o exerça em seu próprio nome e por sua conta e risco, mediante tarifa paga pelo usuário. Ainda segundo Di Pietro (1996), a diferença entre permissão e concessão está na forma de constituição, pois a concessão decorre de acordo de vontades entre as partes, e a permissão, de ato unilateral e na precariedade existente na permissão, e não na concessão (Bresser Pereira, 1998a).

A Lei nº 8.987/1995, em seu art. 2º, inciso II, define assim CONCESSÃO DE SERVIÇO PÚBLICO:

> [...]
> a delegação de sua prestação, feita pelo poder concedente, mediante licitação, na modalidade de concorrência, à pessoa jurídica ou consórcio de empresas que demonstre capacidade para seu desempenho, por sua conta e risco e por prazo determinado.

Cabe ressaltar que a Lei nº 11.079/2004(Brasil, 2004) prevê expressamente, no parágrafo 3º do art. 2º, que:

> [...]
> NÃO CONSTITUI PARCERIA PÚBLICO-PRIVADA A CONCESSÃO COMUM, assim entendida a concessão de serviços públicos ou de obras públicas de que trata a Lei nº 8.987, de 7 de fevereiro de 1995, quando não envolver contraprestação pecuniária do parceiro público ao parceiro privado. [grifo nosso].

Essa mesma lei, em seus parágrafos 1º e 2º do art. 2º, respectivamente, define as seguintes formas de concessão existentes:

a. Concessão patrocinada (própria das PPPs)

> [...]
> é a concessão de serviços públicos ou de obras públicas de que trata a Lei nº 8.987, de 13 de fevereiro de 1995, quando envolver, adicionalmente à tarifa cobrada dos usuários, uma contraprestação pecuniária do parceiro público ao parceiro privado.

b. Concessão administrativa (própria das PPPs)

> [...]
> é o contrato de prestação de serviços de que a administração pública seja a usuária direta ou indireta, ainda que envolva execução de obra ou fornecimento e instalação de bens.

Os serviços públicos representam o mais importante objeto das políticas públicas e são fundamentais para a qualidade de vida e para o desenvolvimento econômico e social em todas as sociedades.

A crise do Estado moderno veio comprometer sobremaneira a sua capacidade no provimento de serviços públicos adequados, em quantidade e qualidade, diante das crescentes demandas de suas populações na maioria dos países do mundo. Nos países não desenvolvidos e nos países em desenvolvimento, como o Brasil, essa crise se torna mais dramática em razão do fato de grande parte ou mesmo de a maioria das suas populações estar excluída de certos serviços públicos considerados essenciais à vida, como, o abastecimento de água e a assistência básica à saúde.

> ◆ A delegação de serviço público ◆
> é a transferência pelo poder concedente a uma empresa do direito de exploração de determinado serviço público essencial mediante concessão ou permissão.
> ◆   ◆

No Brasil, principalmente a partir de meados dos anos 1990, com a Lei das Concessões, passou a ser incorporada pelos governos central, estaduais e municipais a estratégia de concessão à exploração privada de muitos serviços públicos até então oferecidos por empresas públicas, como telecomunicações, energia elétrica, rodovias, ferrovias, portos, entre outros. Esse processo de concessão, ainda em curso, vem apresentando resultados polêmicos, com casos considerados no Brasil. Assim como ocorre nos demais países, tem sido objeto de permanente preocupação dos cidadãos e das empresas em função do seu impacto sobre os custos e a qualidade dos serviços públicos.

Em 2005, A Lei das Parcerias Público-Privada (PPP), criada em 2004 e que entrou em vigor em 2005, ampliou aos governos as alternativas de prestar serviços públicos à população, valendo-se de investimentos privados ao introduzir duas novas formas de concessão – a patrocinada e a administrativa.

Síntese

No último capítulo desta obra, estudamos os serviços públicos, que são aqueles cuja intenção é a satisfação das necessidades de interesse coletivo. São dois os tipos de serviços públicos: os de interesse geral e os essenciais. Os serviços de interesse geral são aqueles que são necessários ao bom funcionamento de uma sociedade. Os principais são: abastecimento de água, energia elétrica, saúde, telecomunicações, entre outros. Já os serviços públicos essenciais são aqueles cuja ausência compromete a coesão social e determina a qualidade de vida da população. Os serviços públicos são um subconjunto dos serviços públicos essenciais de interesse geral, por isso existe alguma dificuldade em delimitar uma fronteira entre eles. A essencialidade dos serviços públicos é estabelecida de acordo com as necessidades de cada país. Neste capítulo, tratamos também sobre o poder concedente, o qual é responsável por dimensionar, planejar e decidir sobre a oferta do serviço público em questão. Por último, vimos as formas de provimento dos serviços à população.

Questão para reflexão

Discorra brevemente sobre os princípios fundamentais dos serviços públicos essenciais.

Questões para revisão

1. Em relação aos serviços públicos, assinale (F) para as alternativas falsas e (V) para as verdadeiras:
   ( ) O grau de "essencialidade", que é atribuído aos diferentes serviços de interesse geral, é muito variável entre os serviços e entre os países.
   ( ) Os serviços públicos desempenham uma função estrutural na sociedade moderna. São elementos que distinguem qualitativamente uma sociedade.
   ( ) O abastecimento de água é um exemplo de monopólio natural.
   ( ) Poder concedente é a esfera pública de poder (União, estado, Distrito Federal ou município) titular da obrigação de prestação do serviço público e, portanto, responsável por dimensionar, planejar e decidir sobre a política de oferta do serviço em questão e a estratégia para atendê-la.
   ( ) A característica de economia de escala dos monopólios naturais implica que tende a ser antieconômica a existência de mais de uma empresa fornecendo o serviço.

2. Em relação aos serviços públicos, assinale a(s) alternativa(s) FALSA(s):
   a. Concessão de serviço público é a delegação de sua prestação, feita pelo poder concedente, mediante licitação, na modalidade de concorrência, à pessoa jurídica ou consórcio de

empresas que demonstrem capacidade para seu desempenho, por sua conta e risco e por prazo determinado.
b. O Estado poderá prestar os serviços públicos à população diretamente ou por meio de concessão ou permissão.
c. Os serviços públicos sempre foram a preocupação central tanto no modelo de Estado do bem-estar social quanto nos Estados democráticos da atualidade.
d. Os serviços públicos não se submetem ao regime jurídico de direito público.
e. A concessão ou permissão não pode ser entendida apenas como uma "licença" dada pelo Estado a uma empresa para a exploração de determinado serviço público.

3. Assinale (V) para as proposições verdadeiras e (F) para as falsas:
( ) O poder concedente tem a prerrogativa de estabelecer de que forma o serviço público que está sob sua alçada será provido: se diretamente, por meio de uma empresa pública, ou indiretamente, mediante delegação, por uma empresa privada.
( ) O poder concedente nem sempre é o responsável diante da população pelos serviços públicos delegados às empresas privadas.
( ) Ao transferir a sua execução para o setor privado, o serviço não deixa de ser público. Embora uma empresa privada explore o serviço em seu nome, por sua conta e risco, a titularidade deste continua a ser do Poder Público, o qual poderá retomá-lo a qualquer momento, obedecidos os requerimentos legais.
( ) Aos municípios cabe a prestação de serviços de interesse local, como os serviços de transporte rodoviário urbano; esgotamento sanitário, distribuição domiciliar de água, serviços funerários, coleta de lixo, entre outros.

( ) Entre outros serviços, à União cabe a prestação de serviços relativos a: telecomunicações, radiodifusão sonora de sons e imagens, instalações de energia elétrica e aproveitamento dos cursos de água para fins energéticos, navegação aérea, aeroespacial e infraestrutura aeroportuária.

4. Os serviços devem ser acessíveis a todos os cidadãos. Para que isso seja possível, as tarifas devem ser módicas e devem existir também normas governamentais para que os serviços possam ser estendidos as pessoas que não disponham de renda suficiente para arcar com o valor das tarifas. Outras situações que tendem a excluir os cidadãos, como a distância a que eles estão das redes de serviços existentes ou a insuficiente concentração geográfica dos consumidores que poderia impedir a viabilização econômica da implantação das redes, também não devem ser impeditivas ao acesso.

O princípio, referido nesse texto, que os serviços públicos essenciais devem observar é o da:

    a. eficiência.
    b. eficácia.
    c. universalidade.
    d. modicidade.
    e. acessibilidade.

5. _____ de serviço público é, tradicionalmente, considerada ato unilateral, discricionário e precário pelo qual o Poder Público transfere a outrem a execução de um serviço público, para que o exerça em seu próprio nome e por sua conta e risco, mediante tarifa paga pelo usuário.

O conceito envolvido nesse texto é o de:

    a. concessão administrada.
    b. concessão.
    c. permissão.

d. delegação patrocinada.
e. delegação.

Questão comentada

Em relação aos serviços públicos, identifique a alternativa FALSA:
a. O poder concedente tem a prerrogativa de estabelecer a forma como o serviço público que está sob sua alçada será provido à população: se diretamente, por meio de uma empresa pública, ou indiretamente, mediante permissão ou concessão, por uma empresa privada.
b. Mesmo quando executado por uma empresa privada, o serviço não deixa de ser da responsabilidade do Poder Público.
c. A concessão não é apenas uma "licença" dada pelo Estado a uma empresa para a exploração de determinado serviço público. Na transferência da execução existem rígidas obrigações por parte da empresa concessionária, que passa a ser objeto de fiscalização pelo Poder Público.
d. Independentemente da forma como sejam ofertados, os serviços públicos fazem parte dos direitos dos cidadãos e devem ser assegurados pelo Estado.
e. Uma vez concedido a exploração privada, um serviço público somente poderá ser retomado pelo poder concedente no final da vigência do contrato de concessão.

Resposta: alternativa "e".

Comentário: o poder concedente pode retomar o serviço a qualquer momento, se o que estiver estabelecido no contrato de concessão não estiver sendo cumprido pela empresa concessionária. Disso decorre que, na maioria das vezes, são contratos de concessão inadequadamente elaborados os responsáveis pela insatisfação da sociedade em relação a serviços concedidos a exploração privada.

♦ ♦ ♦

Para concluir...

A globalização submete os países a um ritmo econômico mais dinâmico, que tende a ser excludente à medida que impõe às nações não desenvolvidas e às em desenvolvimento o mesmo padrão de eficiência produtiva dos países desenvolvidos e mais bem organizados, não só no aspecto econômico como também do ponto de vista político-institucional.

Nesse contexto, o aprimoramento da eficiência e da efetividade das políticas públicas se mostra uma necessidade urgente para os países em desenvolvimento, caso das nações da América Latina, pois esse aprimoramento é fundamental para possibilitar a competitividade com os países desenvolvidos.

As reformas que vêm ocorrendo no Estado em todo o mundo desde os anos 1970 se intensificaram no Brasil a partir da década de 1990, em decorrência da Nova Constituição, promulgada em 1988, e apresentam como um objetivo claro a maior eficiência e efetividade das políticas públicas.

A Constituição de 1988 introduziu no Brasil um novo modelo de Estado e de administração pública, que vem se consolidando com muitas dificuldades. Enquanto alguns países se ajustaram mais rapidamente aos requerimentos do atual ambiente, isto é, aqueles adaptados aos aspectos socioeconômicos que a globalização impõe, outros, em que as reformas avançam mais lentamente, como o Brasil, têm ficado para trás.

Desde a década de 1970, a necessidade de reformar o Estado, visando corrigir disfunções existentes – entre as quais o fato de se apresentarem fortemente capturados por grupos de interesses e o de ajustá-lo aos novos requerimentos das sociedades –, passou a integrar a agenda política prioritária da maioria dos países, conforme foi visto nesta obra.

As reformas do Estado no Brasil, assim como em vários outros países em desenvolvimento, tiveram alguns avanços nas últimas décadas, mas algumas reformas importantes continuam ainda por serem realizadas.

Nos países de democracia recente como o Brasil, caracterizados por alto grau de captura do Estado, os "grupos de interesse" aproveitam a influência já existente no Estado para bloquear as reformas que possam reduzir as vantagens de que desfrutam. Assim, a captura do Estado deixa de ser um sintoma para se converter em causa fundamental da má gestão dos governos.

A melhoria da qualidade das políticas públicas nesses países passa necessariamente pela redução do grau de captura do Estado, pois as reformas necessárias para melhorar a administração pública e a gestão governamental tendem a ser impedidas por uma coalizão de interesses entre certas lideranças políticas, alguns funcionários públicos e grupos de interesses privados que conseguem obter grandes vantagens, mantendo a administração pública deficiente.

A crise do Estado moderno tem sido caracterizada como uma crise de governança, ou seja, os Estados perderam a capacidade de formular e executar políticas públicas que produzam resultados efetivos para os problemas e para as demandas que as sociedades apresentam de forma crescente, sobretudo pelas deficiências da administração pública.

É perceptível que as democracias recentes de muitos países em desenvolvimento passam por uma crise de capacidade de governo que já dura muitas décadas em razão das deficiências de governança. Na maioria dos casos, governa-se administrando crises, sem uma preocupação maior com a geração de resultados efetivos para os problemas.

Nesses países, a alternância de governos que não conseguem produzir os resultados efetivos requeridos pela sociedade acaba fazendo com que, em regra, os resultados do processo eleitoral tendam a expressar muito mais o repúdio da população ao último governante do que a escolha consciente de um próximo mandatário em função de um plano de governo por ele apresentado.

O planejamento governamental é o instrumento necessário para a melhoria da qualidade das políticas e para introduzir maior eficácia nas administrações políticas. Por isso, é necessário que seja eliminado da cultura político-administrativa brasileira o aparente conflito entre o que são questões técnicas e o que são questões políticas, pois tal conflito não existe realmente. O planejamento não é algo que se coloca no lugar dos processos decisórios, que são necessariamente políticos, não os substitui nem reduz o seu caráter estratégico. O planejamento é um "instrumento auxiliar" imprescindível para governar obtendo resultados.

Para a melhoria da qualidade das políticas públicas nos ambientes democráticos atuais, é fundamental também que os partidos políticos adquiram crescente capacidade técnica de planejamento para propor e analisar políticas públicas. Nesse sentido, os institutos que normalmente dão suporte aos partidos políticos têm um importante papel a desempenhar.

Como conclusão, pode-se inferir que a qualidade das políticas públicas de um governo depende de um amplo conjunto de fatores sociopolíticos e, também, com grande importância, da capacidade técnico-administrativa existente para dar suporte adequado às decisões na formulação e na gestão das suas políticas. Assim, formulação e gestão de políticas públicas, ainda que sejam atividades situadas no campo político, não podem prescindir do suporte da ciência e da técnica, sob pena de inviabilizar os objetivos da própria atividade política.

♦ ♦ ♦

Referências

ALBURQUERQUE, F. La importancia de la producción local y la pequeña empresa para el desarrollo de América Latina. *Revista de la CEPAL*, Santiago de Chile, n. 63, p. 147-160, dic. 1997.

AMADO, G.; GUITTET, A. *A dinâmica da comunicação nos grupos*. Rio de Janeiro: Zahar, 1978.

BANCO INTERAMERICANO DE DESARROLLO. *La política de las políticas públicas*: Progresso econômico y social em América Latina – Informe 2006. México, D.F.: Planeta Mexicana, S.A. de C.V., 2006. Disponível em: <http://idbdocs.iadb.org/wsdocs/getdocument.aspx?docnum=912428>. Acesso em: 1º jul. 2008.

BARRIOS, S. Realidades y mitos de la descentralización gubernamental. *Cuadernos del Cendes*, Caracas, n. 4, p. 167-176, set./dez. 1984.

BLANCHET, L. A. *Curso de direito administrativo*. 3. ed. Curitiba: Juruá, 2004.

BOBBIO, N. *Estado, governo, sociedade*: para uma teoria geral da política. Rio de Janeiro: Paz e Terra, 1987.

BRASIL. Constituição (1988). *Diário Oficial da União*, Brasília, DF, 05 out. 1988. Disponível em: <http://www.planalto.gov.br/ccivil_03/Constituicao/Constituiçao.htm>. Acesso em: 1º jul. 2008.

_____. Decreto n. 2.829, de 29 de outubro de 1998. *Diário Oficial da União*, Poder Legislativo, Brasília, DF, 30 out. 1998a. Disponível em: <http://www.planalto.gov.br/ccivil_03/decreto/D2829.htm>. Acesso em: 1º jul. 2008.

_____. Lei n. 4.320, de 17 de março de 1964. *Diário Oficial da União*, Poder Legislativo, Brasília, DF, 23 mar. 1964. Disponível em: <http://www.planalto.gov.br/ccivil_03/Leis/L4320.htm>. Acesso em: 1º jul. 2008.

_____. Lei n. 8.987, de 13 de fevereiro de 1995. *Diário Oficial da União*, Poder Legislativo, Brasília, DF, 14 fev. 1995a. Disponível em: <http://www.planalto.gov.br/Ccivil_03/LEIS/L8987cons.htm>. Acesso em: 1º jul. 2008.

_____. Lei n. 9.637, de 15 de maio de 1998. *Diário Oficial da União*, Poder Legislativo, DF, 18 maio 1998b. Disponível em: <http://www.planalto.gov.br/ccivil_03/Leis/L9637.htm>. Acesso em: 14 ago. 2008.

_____. Lei n. 9.649, de 27 de maio de 1998. *Diário Oficial da União*, Poder Legislativo, Brasília, DF, 28 maio 1998c. Disponível em: <http://www.planalto.gov.br/ccivil_03/Leis/L9649orig.htm>. Acesso em: 14 ago. 2008.

_____. Lei n. 11.079, de 30 de dezembro de 2004. *Diário Oficial da União*, Poder Legislativo, Brasília, DF, 31 dez. 2004. Disponível em: <http://www.planalto.gov.br/ccivil_03/_ato2004-2006/2004/Lei/L11079.htm>. Acesso em: 11 ago. 2008.

_____. Lei Complementar n. 101, de 4 de maio de 2000. Diário Oficial da União, Poder legislativo, Brasília, DF, 5 maio 2000. Disponível em: <http://www.planalto.gov.br/ccivil_03/leis/lcp/Lcp101.htm>. Acesso em: 25 ago. 2011.

BRASIL. Ministério da Administração Federal e da Reforma do Estado. *Plano Diretor da Reforma do Estado*. Ministério do Planejamento, Orçamento e Gestão: Brasília, 1995b. Disponível em: <http://www.planejamento.gov.br/gestao/conteudo/publicacoes/plano_diretor/portugues.htm>. Acesso em: 1º jul. 2008.

BRASIL. Ministério da Fazenda. Secretaria do Tesouro Nacional. Portaria n. 42, de 14 de abril de 1999. *Diário Oficial da União*, Brasília, DF, 15 abr. 1999.

Disponível em: <http://www.tesouro.fazenda.gov.br/legislacao/download/contabilidade/portaria42.pdf>. Acesso em: 1º jul. 2008.

BRASIL. Ministério do Planejamento, Orçamento e Gestão. *Manual Técnico de Orçamento – MTO*. Disponível em: <https://www.portalsof.planejamento.gov.br/bib/MTO/MTO-ManualTecnicoOrcamento2006.pdf>. Acesso em: 13 ago. 2008.

BRASIL. Ministério do Planejamento, Orçamento e Gestão. ENAP. *Formação de multiplicadores do novo modelo de planejamento, orçamento e gestão*: módulos. I, II e III. Brasília: Enap, 2002. (Mimeografado).

BRESSER PEREIRA, L. C. A crise da América Latina: consenso de Washington ou crise fiscal? In: ENCONTRO NACIONAL DA ECONOMIA DA ANPEC, 18., 1990, Brasília. *Aula magna*. Brasília: Anpec, 1990. Disponível em: <http://www.bresserpereira.org.br/papers/1991/91-AcriseAmericaLatina.pdf>. Acesso em: 03 out. 2007.

_____. A reforma do aparelho de Estado e a Constituição Brasileira. *Textos para discussão*, publicação do Enap, Brasília, n. 1, maio 1995a. Disponível em: <http://www.enap.gov.br/index.php?option=content&task=view&id=259&Itemid=70>. Acesso em: 04 out. 2007.

_____. *A reforma do Estado dos anos 90*: lógica e mecanismos de controle. Brasília: Ministério da Administração Federal e Reforma do Estado, 1997. (Cadernos MARE da reforma do Estado; v. 1). Disponível em: <http://www.mp.gov.br/secretarias/upload/Arquivos/publicacao/seges/PUB_Seges_Mare_caderno01.PDF>. Acesso em: 02 jul. 2008.

_____. A reforma gerencial do Estado de 1995. *Revista de Administração Pública*, Rio de Janeiro, v. 34, n. 4, p. 55-72, jul. 2000. Disponível em: <http://www.bresserpereira.org.br/papers/2000/81RefGerenc1995-INA.pdf>. Acesso em: 1º jul. 2008.

_____. Estado, aparelho de Estado e sociedade civil. *Textos para discussão*, publicação do Enap, Brasília, n. 4, out. 1995b. Disponível em: <http://www.enap.gov.br/index.php?option=content&task=view&id=259&Itemid=70>. Acesso em: 04 out. 2007.

_____. Estado, sociedade civil e legitimidade democrática. *Lua Nova – Revista de Cultura e Política*, São Paulo, n. 36, p. 85-104, 1995c.

_____. Gestão do setor público: estratégia e estrutura para um novo Estado. In: BRESSER PEREIRA, L. C.; SPINK, P. (Org.). *Reforma do Estado e Administração Pública Gerencial*, Rio de Janeiro: Ed. da FGV, 1998a. p. 21-38. Disponível em: <http://www.bresserpereira.org.br/ver_books.asp?id=283>. Acesso em: 04 out. 2007.

_____. *Reforma do Estado para a cidadania*: a reforma gerencial brasileira na perspectiva internacional. São Paulo: Ed. 34, 1998b.

BRESSER PEREIRA, L. C.; SPINK, P. (Org.). *Reforma do Estado e Administração Pública Gerencial*. Rio de Janeiro: Ed. da FGV, 1998.

CASTELLS, M. *A era da informação*: economia, sociedade e cultura. São Paulo: Paz e Terra, 1999.

_____. Hacia el estado red? Globalización económica e instituciones políticas en la era de la información. In: SEMINÁRIO SOBRE SOCIEDADE E REFORMA DO ESTADO, 1998, São Paulo. Disponível em: <http://www.mp.gov.br/arquivos_down/seges/publicacoes/reforma/seminario/CASTELLS.PDF>. Acesso em: 02 jul. 2008.

COHEN, E.; FRANCO, R. *Avaliação de projetos sociais*. Petrópolis: Vozes, 2004.

CORRALES, M. E. Modernización de los servicios públicos por redes: eficiencia económica y solidaridad social. *Revista Instituciones y Desarrollo*, Barcelona, n. 5, dic. 1999. Disponível em: <http://www.iigov.org/id/article.drt?edi=189696&art=189760>. Acesso em: 02 jul. 2008.

COSTA, F. L.; CASTANHAR, J. C. Avaliação de programas públicos: desafios conceituais e metodológicos. *Revista de Administração Pública*, Rio de Janeiro, v. 37, n. 5, set./out. 2003.

CUÉLLAR, L. *As agências reguladoras e seu poder normativo*. São Paulo: Dialética, 2001.

DI PIETRO, M. S. Z. *Direito administrativo*. 17. ed. São Paulo: Atlas, 2004.

_____. *Parcerias na administração pública*: concessão, permissão, franquia e outras formas. São Paulo: Atlas, 1996.

DUARTE, N. L. *Administração pública contratada*: serviços públicos, concessões e contexto brasileiro. Rio de Janeiro: Ebap; Ed. da FGV, 1997.

_____. *Concessão de serviços públicos e teoria organizacional*: justificativa de uma abordagem. Rio de Janeiro: Ebap; Ed. da FGV, 1996.

_____. *Reforma administrativa e gestão*: reflexões sobre a questão dos serviços públicos no Brasil. Rio de Janeiro: Ebap; Ed. da FGV, 1997.

FIANI, R. *Teoria da regulação econômica*: estado atual e perspectivas futuras. Rio de Janeiro: Ed. da UFRJ, 1998. Disponível em: <http://www.ie.ufrj.br/grc/pdfs/teoria_da_regulacao_economica.pdf>. Acesso em: 02 jul. 2008.

_____. *Teoria dos jogos*: para cursos de administração e economia. 1. ed. Rio de Janeiro: Campus Elsevier, 2004. v. 1.

FRANCO, R. Descentralización, participación y competencia en la gestión social. In: CONGRESSO INTERNACIONAL DEL CLAD SOBRE LA REFORMA DEL ESTADO Y DE LA ADMINISTRACIÓN PÚBLICA, 8., 2003, Cidade do Panamá, Panamá, 2003. Disponível em: <http://www.clad.org.ve/fulltext/0047517.pdf>. Acesso em: 03 jul. 2008.

FRANCO SOBRINHO, M. de O. *O controle da moralidade administrativa*. São Paulo: Saraiva, 1974.

FRONDIZI, R. *Introducción a los problemas fundamentales del hombre*. México: Fondo de Cultura Econômica, 1992.

GARCIA, R. C. *A reorganização do processo de planejamento do Governo Federal*: o PPA 2000-2003. Brasília: Ipea, 2000. (Textos para discussão, n. 726). Disponível em: <http://www.ipea.gov.br/pub/td/td_2000/td_726.pdf>. Acesso em: 12 ago. 2008.

GIACOMONI, J. *Orçamento público*. 13. ed. amp. rev. e atual. São Paulo: Atlas, 2005.

GIBBONS, R. *A Primer in Game Theory*. New Jersey: Prentice Hall, 1992.

GUIMARÃES, E. A. C. (Coord.). *Cenário do direito administrativo*: estudo em homenagem ao professor Romeu F. Bacellar Filho. Belo Horizonte: Fórum, 2004.

HELLMAN, J.; KAUFMANN, D. La captura del Estado en las economías en transición. *Finanzas & desarrollo*, v. 38, p 31-35, sept. 2001. Disponível em: <http://www.imf.org/external/pubs/ft/fandd/spa/2001/09/pdf/hellman.pdf>. Acesso em: 04 out. 2007.

HOBBES, T. *Leviatã*. São Paulo: Martin Claret, 2002.

KRUGER, A. The Political Economy of the Rent-Seeking Society. *American Economic Review*, Princeton, NJ, v. 64, p. 291-303, June 1974.

LAVILLE, C.; DIONNE, J. *A construção do saber*: manual de metodologia da pesquisa em ciências humanas. Porto Alegre: Artmed; Belo Horizonte: Ed. da UFMG, 1999.

LÉVY, P. *Cibercultura*. São Paulo: Ed. 34, 1999.

MATUS, C. *Adeus, senhor presidente*: governantes governados. São Paulo: Fundap, 1996.

_____. *Política, planejamento & governo*, Brasília: Ipea, 1993. Tomos I e II.

MEDAUAR, O. *Direito administrativo moderno*. 9. ed. São Paulo: Revista dos Tribunais, 2005.

MEIRELLES, H. L. *Direito administrativo brasileiro*. 29. ed. São Paulo: Malheiros, 2004.

MELLO, C. A. B. *Curso de direito administrativo*. 10. ed. São Paulo: Malheiros, 1998.

MORIN, E. *Os sete saberes necessários à educação do futuro*. 2. ed. São Paulo: Cortez, 2000.

OLSON, M. *The Logic of Collective Action*. Cambridge: Harvard University Press, 1965.

PARANÁ. Secretaria de Planejamento e Coordenação Geral. *Sociedade, Estado e políticas públicas*: uma visão do planejamento e da gestão da ação de governo. Disponível em: <http://www.sepl.pr.gov.br/arquivos/file/analise_resultados/curso_capacitapr.pdf>. Acesso em: 14 ago. 2008.

_____. *Subsídios para a elaboração do PPA 2008-2011*. Curitiba: SEPL, 2006.

PÉREZ, C. El reto del cambio de paradigma teconoeconómico. *Revista BCV*, Caracas, v. 13, n. 2, 1999.

POSNER, R. The Social Cost of Monopoly and Regulation. *Journal of Political Economy*, Chicago, v. 83, 1975.

PRZEWORSKI, A. Responsabilidade política e intervenção econômica. *Revista Brasileira de Ciências Sociais*, São Paulo, n. 32, p. 18-40, out. 1996.

PUTNAM, R. D. *Comunidade e democracia*: a experiência da Itália moderna. Rio de Janeiro: Ed. da FGV, 1996.

QUEIROZ, R. B. *Regulação de serviços públicos*: estudo de caso de agências reguladoras estaduais. 2001. Dissertação (Mestrado), Universidade Federal de Santa Catarina, Florianópolis, 2001.

QUEIROZ, R. B.; PRADO FILHO, K. Agências reguladoras: um referencial teórico para o entendimento de seu papel no ambiente atual. *Revista Paranaense de Desenvolvimento*: publicação do Instituto Paranaense de Desenvolvimento Econômico e Social – Ipardes, Curitiba, n. 103, p. 101-119, 2002.

RODRIGUEZ, A. *Centralismo, município, regionalización y descentralización en Nicaragua*. Nicarágua: Fundación Friedrich Ebert, 1993.

RUBIO, L. A. Conceptualización y formas de financiamento. In: SEMINÁRIO INTERNACIONAL ASOCIACIÓN PÚBLICO-PRIVADA PARA LA PROVISIÓN DE SERVICIOS DE INFRAESTRUCTURA, 2003, Rio de Janeiro. *Anais eletrônicos...* Rio de Janeiro: BNDES, 2003. Disponível em: <http://www.bndes.gov.br/conhecimento/seminario/PPP17.pdf>. Acesso em: 14 mar. 2005.

SANCHES, O. M. *Dicionário de orçamento, planejamento e áreas afins.* 2. ed. Brasília: Prisma/OMS, 2004.

SANDRONI, P. *Novíssimo dicionário de economia.* 14. ed. São Paulo: Best Seller, 2004.

SILVA, J. A. da. *Curso de direito constitucional positivo.* 25. ed. São Paulo: Malheiros, 2005.

SIMON, H. A. *Models of man.* New York: Wiley, 1957.

SOLANES, M. *Serviços públicos y regulación*: consecuencias legales de las fallas de mercado. Santiago de Chile: Cepal, 1999. (Serie Recursos Naturales e Infraestructura, n. 2).

TOLLISON, R. D. Rent Seeking: a Survey. *Kyklos,* Crema, v. 35, n. 4, p. 575-602. 1982.

TULLOCK, G. The Welfare Costs of Monopoly, of Tariffs, Monopolies and Theft. *Western Economic Journal,* v. 5, p. 224-232, 1967.

TULLOCK, G.; BUCHANAN, J. *The Calculus of Concent*: Logical Foundations of Constitutional Democracy. Political Science. Michigan: Ann Arbor Paperback, 1962.

VAINER, A.; ALBUQUERQUE, J.; GARSON, S. *Manual de elaboração*: o passo a passo da elaboração do PPA para municípios. 2. ed. Brasília: MPOG; BNDES, 2005.

WORLD BANK. *World Development Report 1997*: the State in a Changing World. New York: Oxford University Press; World Bank, 1997. v. 1.

✦ ✦ ✦

Apêndice – O modelo brasileiro de planejamento, orçamento e gestão

O atual modelo brasileiro de planejamento, orçamento e gestão tem sua origem na Constituição de 1988, em que o art. 165 estabeleceu os instrumentos legais: Plano Plurianual (PPA), Lei de Diretrizes Orçamentárias (LDO) e Lei Orçamentária Anual (LOA).

A regulamentação definitiva desses instrumentos ficou para Lei Complementar que ainda está por ser elaborada. Até que isso ocorra, o Decreto Presidencial nº 2.829, de 29 de outubro 1998 (Brasil, 1998), a Portaria nº 42 do MOG, de 14 de abril de 1999 (Brasil, 1999) e a Lei de Responsabilidade Fiscal – Lei Complementar nº 101, de 4 de maio de 2000 – são os principais instrumentos que conformam o modelo.

O conjunto de propostas decorrentes dos trabalhos do Grupo Interministerial nº 270 visou integrar o planejamento com a programação orçamentária por meio do aperfeiçoamento de definições e de conceituações das principais categorias dos instrumentos constitucionais PPA, LDO e LOA.

O modelo passou a ter as seguintes propriedades:

a. exercer a cobrança de resultado, ou seja, avaliar as ações de governo aferidas em termos de benefícios concretos oferecidos aos cidadãos;
b. trabalhar com realidade problematizada, ou seja, a ação governamental passa a estar centrada "em problemas" que antes eram elementos constitutivos do diagnóstico do planejamento tradicional e agora assumem a condição de estruturadores da própria ação governamental;
c. conceber a ação governamental de modo que esta passa a ser por "programas", e não mais por "setores" ou "órgãos" de governo;
d. perceber toda ação finalística do governo, que deverá ser estruturada em programas orientados para a consecução dos objetivos estratégicos definidos para o período do plano;
e. ter a ação finalística como aquela que proporciona bem ou serviço para atendimento direto a demandas da sociedade.

Os instrumentos legais desse modelo – PPA, LDO e LOA – apresentam as seguintes características.

Plano Plurianual (PPA)

   a. É obrigatório para União, estados e municípios.
   b. Apresenta diretrizes, objetivos e metas para um período de quatro anos, que se inicia no segundo ano do mandato e vai até o primeiro ano do mandato do próximo governante.
   c. Deve ser elaborado de forma compatível com o arcabouço legal da esfera de governo correspondente (Constituição, Lei Orgânica, Plano Diretor etc.).
   d. Define a orientação estratégica do governo, suas metas e suas prioridades.
   e. Organiza as ações em programas, com metas físicas e financeiras claras.
   f. Os programas conjugam ações do governo para atender a um problema ou a uma demanda da população.

O PPA compõe-se basicamente de dois grandes módulos: a base estratégica e a organização por programas. A base estratégica inicia com a análise da situação econômica e social atual e idealiza a situação desejada para o futuro. Ameaças e oportunidades, pontos fortes e fracos, bem como as tendências são avaliadas. Após essa análise, o chefe do Poder Executivo define as diretrizes e as prioridades de seu governo. Diretrizes e prioridades setoriais também são consideradas. O terceiro passo é a previsão dos recursos para o período do plano, que, em última análise, definirá o quanto poderá ser feito. Da base estratégica resultam as diretrizes, os objetivos, as prioridades e as metas do PPA. A organização por programas compreende a definição dos problemas a serem solucionados e o conjunto de ações para alcançar os objetivos pretendidos. As ações devem ser orientadas de forma a combater as causas dos problemas ou mitigar seus efeitos.

Lei de Diretrizes Orçamentárias (LDO)

Trata-se de uma lei ordinária com validade para um exercício. Estabelece de forma antecipada as diretrizes, as prioridades de gastos, as normas e os parâmetros que devem orientar a elaboração do projeto de Lei Orçamentária para o exercício seguinte.

As prioridades e as metas definidas pela LDO para os programas e as ações são apresentadas em anexo ao texto legal, constituindo-se num detalhamento anual de metas estabelecidas no PPA e que foram selecionadas para constar do projeto de lei orçamentária de cada exercício.

a. Projeção da receita para o exercício seguinte.
b. Critérios para a alocação dos recursos orçamentários.
c. Estrutura e organização orçamentária.
d. Diretrizes para a elaboração e execução orçamentária.
e. Ajustes no PPA.
f. Disposições sobre alterações na legislação tributária.
g. Disposições relativas às despesas com pessoal e encargos sociais e outras despesas correntes.
h. Disposições relativas à destinação de recursos provenientes de operações de crédito.
i. Anexo de metas fiscais em que são estabelecidos os resultados primários esperados para os próximos exercícios e que fornece uma dimensão da austeridade dessa política.
j. Anexo de riscos fiscais em que são enumerados os chamados *passivos contingentes*, ou seja, aquelas dívidas que ainda não estão contabilizadas como tal, mas que, por decisão judicial, poderão vir a aumentar a dívida pública.

A LDO antecipa e orienta a direção e o sentido dos gastos públicos, bem como os parâmetros que devem nortear a elaboração do projeto de LOA para o exercício subsequente.

Lei Orçamentária Anual (LOA)

É constituída de três orçamentos: fiscal, seguridade social e investimento das empresas.

O orçamento fiscal refere-se aos Poderes, aos seus fundos, aos órgãos e entidades da administração direta e indireta, inclusive fundações instituídas e mantidas pelo Poder Público.

O orçamento da seguridade social abrange as entidades e os órgãos a ela vinculados – saúde, previdência e assistência social – da administração direta e indireta, bem como os fundos e as fundações instituídos e mantidos pelo Poder Público.

O orçamento de investimento das empresas compreende os investimentos realizados pelas empresas em que o Poder Público, direta e indiretamente, detenha a maioria do capital social com direito a voto.

O Poder Executivo define, no projeto de LOA, as prioridades contidas no PPA e as metas que deverão ser atingidas naquele ano. A LOA disciplina todas as ações do governo.

Em síntese:

a. É uma lei ordinária com validade para cada exercício fiscal.
b. Deve conter três orçamentos: orçamento fiscal, orçamento da seguridade social e orçamento de investimento das empresas estatais.
c. Deve estar de acordo com a LDO e o PPA.
d. É encaminhada na forma de projeto de lei ao Legislativo para aprovação.
e. Assim como o PPA e a LDO, pode receber emendas.
f. Define, pormenorizadamente, as metas físicas e financeiras para um exercício do PPA.
g. As normas baixadas pela Lei nº 4.320, de 17 de março de 1964 (Brasil, 1964), são as que estabelecem as regras básicas de elaboração, execução e controle dos planos e orçamentos.

Com base na LDO aprovada pelo Legislativo, o Poder Executivo elabora a proposta da LOA para o ano seguinte, em conjunto com as suas próprias unidades orçamentárias e as unidades orçamentárias dos poderes

Legislativo, Judiciário e do Ministério Público. Acompanha a proposta uma mensagem do chefe do Executivo, na qual é feito um diagnóstico sobre a situação econômica e suas perspectivas.

Processo de planejamento do PPA

Para o processo de planejamento do PPA, é necessário:

a. Estabelecer os objetivos estratégicos ou macroobjetivos do governo para o período de quatro anos.
b. Identificar os problemas a enfrentar ou as oportunidades a aproveitar para alcançar os objetivos estratégicos.
c. Conceber programas a serem implementados, com vistas ao atingimento dos seus objetivos, que implicarão na solução dos problemas.
d. Especificar as diferentes ações do programa, com identificação dos produtos (bens ou serviços) que darão origem a projetos ou atividades.
e. Atribuir os indicadores aos objetivos dos programas e de metas aos produtos.
f. Designar gerentes responsáveis pelos programas.
g. Avaliar a execução e dos resultados.

Segundo Garcia (2000), "cada programa deverá conter: objetivo, órgão responsável, valor global, prazo de execução, fontes de financiamento, indicador que quantifique a situação a ser modificada pelo programa, metas correspondentes aos bens e serviços necessários à consecução do objetivo do programa."

Esses requerimentos foram estabelecidos pelo Decreto Presidencial nº 2.829, de 29 de outubro de 1998, e são exigidos para a formulação dos instrumentos PPA, LDO e LOAs nas três esferas de governo no Brasil: União, estados, Distrito Federal e municípios

Os prazos para cada um desses instrumentos são mostrados no Quadro 1, a seguir.

Quadro 1 – Prazos para PPA, LDO e LOA

Instrumento	Prazo final para encaminhamento	Prazo final para votação no Legislativo
Plano Plurianual (PPA)	31 de agosto	31 de dezembro
Lei de Diretrizes Orçamentárias (LDO)	15 de abril (anualmente)	30 de junho (anualmente)
Lei Orçamentária Anual (LOA)	31 de agosto (anualmente)	31 de dezembro (anualmente)

Nota: Prazos da União. Cada estado tem seus prazos nas suas Constituições. Quando o município não tiver definido tais prazos na sua Lei Orgânica, valem os prazos da União.

Os programas passam a ser estabelecidos em atos próprios da União, dos estados, do Distrito Federal e dos municípios, respeitando-se os conceitos e os requerimentos estabelecidos pelo governo federal nos instrumentos normativos.

Para Garcia (2000),

> O modelo confere uma ênfase especial à gestão e à avaliação e ordena que cada programa seja dotado de um modelo de gerenciamento, com definição de unidade responsável, com controle de prazos e custos, com sistemas de informações gerenciais e com a designação de uma gerente para o programa.

A avaliação anual dos resultados dos programas e das suas ações subsidiará a elaboração da LDO, que poderá estabelecer as alterações e as correções necessárias.

Segundo Garcia (2000), os programas devem ser formulados de modo a promover, sempre que possível, a descentralização, a integração com outras esferas de governo e a formação de parcerias com o setor privado.

Cada uma das ações dos programas deve estar classificada em função e subfunção de governo. A Portaria MOG nº 42, de 14 de abril de

1999, conceitua a função (em número de 28) tomada como definidora das políticas governamentais nas três esferas de governo e entendida como o maior nível de agregação nas 28 áreas dos gastos públicos. A subfunção (em número de 109) que representa uma partição da função e visa a agregar determinados subconjuntos de despesas do setor público.

O programa, instrumento de organização governamental que visa à concretização dos objetivos pretendidos, é mensurado por indicar em termos de estruturação. O PPA "termina" no programa e o orçamento (LOA) "começa" no programa, conferindo plena integração.

O PPA "termina" em um conjunto de programas cujas ações estão codificadas segundo o seguinte requerimento orçamentário:

- Código do órgão orçamentário (cadastro local);
- Código da unidade orçamentária (cadastro local);
- Código da função (conforme anexo da Portaria 42 MOG);
- Código da subfunção (conforme anexo da Portaria 42 MOG);
- Código do programa (cadastro local);
- Código de projeto (dígito 1) ou atividade (dígito 2);
- Código da ação (cadastro local).

Assim, o PPA "termina" em um conjunto de programas com todas as ações codificadas, como no exemplo a seguir:

Ação 1702.08.243.009 1.105: implantação de oficinas, sendo:

- 17: órgão orçamentário é a Secretaria de Desenvolvimento Social;
- 02: unidade orçamentária é a Coordenadoria de Assistência Social, que é uma das unidades da Secretaria de Desenvolvimento Social.
- 08: função de governo corresponde à Assistência Social, que tem o código 08 na Classificação Funcional estabelecida no anexo da Portaria 42 MOG.
- 243: subfunção de governo (uma partição da função) corresponde à Assistência à Criança e ao Adolescente conforme o anexo da Portaria 42 MOG.

- 009: corresponde ao número que foi dado ao Programa Ressocialização de jovens.
- 1: significa que esta ação é um projeto (tem início e término determinados). Caso fosse uma atividade (ocorre de forma contínua, ou seja, não tem final estabelecido), receberia o código representado pelo numeral 2.
- 105: corresponde ao número que esta ação recebeu no cadastro das ações do PPA. A Figura 1 permite uma visualização do que foi descrito.

Figura 1 – Codificação orçamentária de uma ação

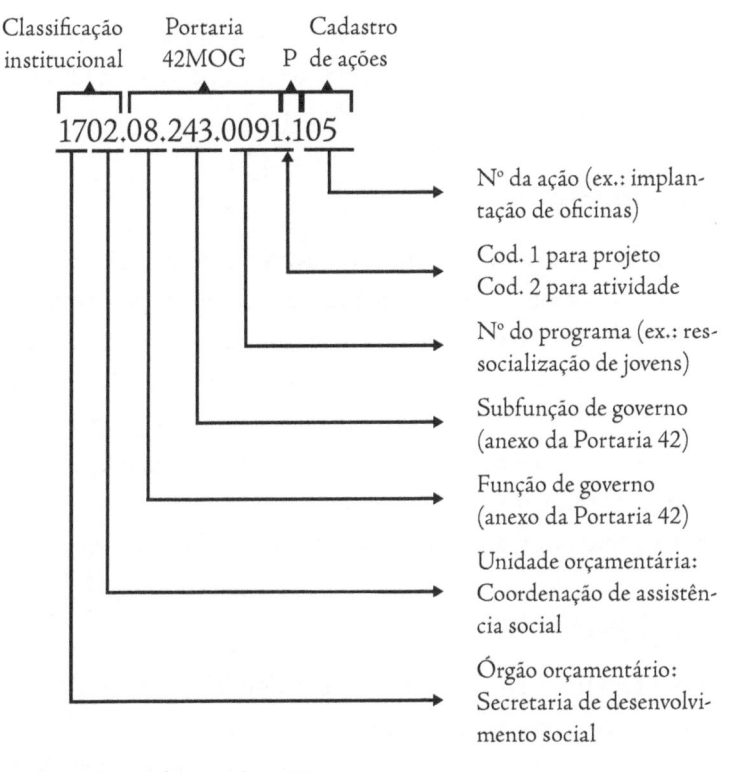

```
Classificação    Portaria     Cadastro
institucional    42MOG      P  de ações
    ┌─┴─┐        ┌┴┐       ┌┴┐ ┌┴┐
    1702.08.243.0091.105
```

- N° da ação (ex.: implantação de oficinas)
- Cod. 1 para projeto / Cod. 2 para atividade
- N° do programa (ex.: ressocialização de jovens)
- Subfunção de governo (anexo da Portaria 42)
- Função de governo (anexo da Portaria 42)
- Unidade orçamentária: Coordenação de assistência social
- Órgão orçamentário: Secretaria de desenvolvimento social

Fonte: Adaptado de Vainer; Albuquerque; Garson, 2005.

A LOA "começa" com base nesse conjunto de programas com ações codificadas. As LOAs realizarão o detalhamento pormenorizado dos custos de cada ação de todos os programas do PPA para o ano em questão, de acordo com os requerimentos da legislação que normatiza a elaboração dos orçamentos no país.

Estrutura de um programa

Para sua estruturação, os programas devem apresentar os seguintes atributos:

Título

O título de um programa geralmente é formulado por uma frase-síntese que possibilita a fácil compreensão pela sociedade do seu propósito. Exemplo: "Programa saúde para todos".

Órgão responsável

Cada programa deve obrigatoriamente ter um órgão responsável pelo seu conjunto, mesmo quando da sua execução participem vários órgãos. É recomendável que a responsabilidade pelo conjunto do programa recaia no órgão governamental cuja missão seja mais pertinente com as características e com o objetivo do programa. Na maioria dos casos, coincide com o órgão que irá desempenhar a maior parte das ações do programa e que terá a maior participação orçamentária. Exemplo de órgão executor: Secretaria de Agricultura.

Tipo de programa

Os programas são classificados em dois tipos: a) finalístico e b) apoio às políticas públicas e áreas especiais.

É considerado finalístico quando resulta em bens ou serviços ofertados diretamente à sociedade. É considerado programa de apoio às políticas públicas e áreas especiais quando é voltado aos serviços típicos de Estado, ao planejamento, à formulação de políticas setoriais, à coordenação, à avaliação ou ao controle dos programas finalísticos, resultando em bens ou em serviços ofertados ao próprio Estado, podendo ser composto inclusive de despesas de natureza tipicamente administrativa.

Problema/justificativa

É a descrição do problema que o programa tem por objetivo enfrentar. A justificativa deve abordar o diagnóstico da situação-problema para a qual o programa foi proposto; alertar quanto às conseqüências da não implementação do programa e informar sobre a existência de condicionantes favoráveis ou desfavoráveis ao programa.

Objetivo

Expressa a busca de um resultado, descrevendo a finalidade do programa com concisão e precisão, sempre mensurável por um indicador. O objetivo deverá ser iniciado por um verbo no infinitivo.

Indicador(es) do programa

Cada programa deve, necessariamente, ter um ou mais indicadores que possibilitem medir a evolução do problema enfrentado. A apresentação de indicador(es) nos programas governamentais tem por objetivo garantir maior transparência e objetividade da ação dos governos.

Exemplo: se o objetivo de um programa for reduzir o analfabetismo no Estado do Paraná, o indicador apropriado é a "taxa estadual de analfabetismo". Se for reduzir a taxa de mortalidade infantil no município de Curitiba, o indicador apropriado será a "taxa de mortalidade infantil para o município".

Um programa pode ter um objetivo abrangente que necessite de mais de um indicador para retratar seus resultados. Exemplo: um programa com o objetivo de melhorar as condições de acesso, permanência e êxito dos alunos matriculados no ensino fundamental no município de Abrautia. Nesse caso, três seriam os indicadores apropriados: a) taxa de evasão escolar; b) taxa de repetência; e c) porcentual de crianças entre 7 e 14 anos que estão fora da escola.

Público-alvo

Especifica os segmentos da sociedade para os quais o programa se destina e que se beneficiam direta e legitimamente com sua execução. São grupos de pessoas, comunidades, instituições ou setores que serão atingidos diretamente pelos resultados do programa. Exemplo: população de 7 a 14 anos do município de Abrautia.

Estratégia de implementação

Informa como serão conduzidas as ações, quais os instrumentos disponíveis ou a serem constituídos e a forma de execução (direta, descentralizada, transferências e parcerias) para atingir os resultados pretendidos pelo programa. Devem-se considerar, também, os seguintes aspectos na descrição da estratégia de implementação: a) critérios de elegibilidade para acesso aos produtos e benefícios do programa; b) responsabilidades no gerenciamento e na execução das ações (órgãos e unidades administrativas); c) modo de implementação das ações, explicitando os agentes e os parceiros (federal, estadual, municipal e privado) envolvidos e a contribuição de cada um para o sucesso do programa; d) mecanismos (sistemas) utilizados no monitoramento da execução das ações do programa.

Horizonte temporal

Estabelece o período de vigência do programa, podendo ser contínuo ou temporário. No caso de programa temporário, serão informados o mês e o ano de início e de término previstos e o seu valor global estimado.

Valor do programa

Somatório do valor anual das ações orçamentárias e não orçamentárias integrantes do programa.

Responsável ou gerente do programa

Pessoa a quem é formalmente atribuída a responsabilidade pelo programa. São atribuições do gerente: a) estabelecer estratégias de implementação; b) lutar pelos recursos necessários e procurar soluções alternativas para a escassez destes; c) ser capaz de prestar informações precisas a todos os atores sobre prioridades, realização de metas, prazos, recursos etc., de forma que todos compreendam o programa em seu conjunto e seu estágio de execução; d) mobilizar atores públicos e privados e criar sinergia entre eles; e e) desenvolver estratégias de alinhamento dos interessados e de comunicação de resultados.

Relação e atributos de cada uma das ações que compõem o programa

Relacionar as ações que compõem o programa, informando para cada uma delas:

12.1 NOME DA AÇÃO – Forma pela qual a ação será identificada pela sociedade e apresentada no PPA, LDOs e LOAs. Expressa, em linguagem clara, o objeto da ação. Exemplo: distribuição de livros didáticos aos alunos; construção e equipamento de laboratórios de informática nas escolas etc.

12.2 ÓRGÃO/UNIDADE RESPONSÁVEL – Especifica o órgão e a unidade orçamentários responsáveis pela ação.

12.3 FUNÇÃO E SUBFUNÇÃO DE GOVERNO NAS QUAIS A AÇÃO SE ENQUADRA – A função representa o maior nível de agregação das diversas áreas de despesa que competem ao setor público. A subfunção representa uma partição da função, visando agregar determinado subconjunto de despesas do setor público. As subfunções poderão ser combinadas com funções diferentes daquelas a que estão relacionadas, desde que exista uma razão plausível para isso. Por exemplo: a subfunção 512 (saneamento básico urbano), que originalmente pertence à função 17 (saneamento), poderá ser alocada na função 10 (saúde), no caso de esta ação de saneamento básico fazer parte das ações de um programa na área de saúde. Ou seja, quando a ação tiver por finalidade a geração de produtos necessários para alcançar o objetivo estabelecido para o programa ao qual ela pertence, poderá ser alocada na função correspondente ao programa. A relação das funções e subfunções de governo encontra-se estabelecida na Portaria n42/1999 do MOG.

12.4 FINALIDADE DA AÇÃO – Expressa o que deve ser alcançado pela ação, ou seja, por que essa ação é desenvolvida.

Ações não têm "objetivo" (que é próprio da categoria "programa"), têm, sim, "finalidade".

A finalidade de uma ação (projeto e/ou atividade) é produzir um determinado produto (bem ou serviço) que contribuirá em parte para o alcance do objetivo do programa. Exemplo: disponibilizar para os alunos laboratórios de informática equipados, fornecer merenda escolar etc.

O somatório das contribuições dadas por todas as suas ações (os diversos produtos gerados) permitirá que se atinja o objetivo do programa.

12.5 DESCRIÇÃO DA AÇÃO – Expressa, de forma sucinta, o que é efetivamente feito no âmbito da ação, seu escopo e limitações, descrevendo todas as etapas do processo de entrega do produto, inclusive as desenvolvidas por parceiros.

12.6 Produto gerado pela ação – Bem ou serviço que resulta da ação e destinado ao público-alvo. Em situações especiais, expressa a quantidade de beneficiários atendidos pela ação. Para cada ação deve preferencialmente haver um só produto. Exemplo: alunos matriculados, refeições distribuídas, livros didáticos distribuídos, laboratórios de informática implantados, salas de aula reformadas e equipadas etc.

12.7 Meta física para os produtos da ação – Quantidade de produto (bem ou serviço) a ser ofertada de forma regionalizada por ação num determinado período. A meta física é estabelecida para cada ano do programa. Exemplo: 120 mil refeições distribuídas no ano 1.

12.8 Dados financeiros da ação – São os custos da ação, desdobrados nas fontes de origens dos recursos e distribuídos para cada um dos anos do período de vigência do PPA. O critério para regionalização dos dados financeiros corresponde ao custo de atendimento das metas físicas definidas para cada região de planejamento do plano.

♦ ♦ ♦

Fonte: Adaptado de Dettmer, 2007.

As informações essenciais de cada programa podem ser condensadas em tabelas, como as apresentadas a seguir.

Com a publicação, em abril de 2011, do documento Orientações para Elaboração do Plano Plurianual 2012 – 2015 (Brasil, 2011), o Ministério do Planejamento alterou a estrutura que vinha sendo adotada nos últimos três PPAs. De acordo com esse documento,

Tabela 1 – Principais informações sobre o programa

01. Discriminação: crianças de 0 a 4 anos		
02. Objetivo: assegurar o atendimento integral a crianças carentes em creches municipais e dar apoio nutricional a unidades mantidas por organizações não governamentais (ONGs)		
03. Público-alvo: crianças carentes de 0 a 4 anos		
04. Unidade responsável: Secretaria Municipal de Desenvolvimento Social		
05. Horizonte temporal:		
[x] Contínuo	[ ] Temporário Início (mm/aaaa) Término (mm/aaaa)	
06. Quantidade de indicadores: 01	07. Quantidade de ações: 01	08. Valor do programa: 8.1 Nº PPA.........17.920.000 8.2 Total do programa.........

Informações sobre indicadores			
Descrição Unidade de medida	Índice		
	Mais recente	Apurado	Desejado no final do programa
Taxa de crianças atendidas na faixa etária de 0 a 4 anos % (nº de crianças atendidas/total de crianças do município na faixa de 0 a 4 anos)	40%	dez/99	100%

Fonte: Vainer; Albuquerque; Garson, 2005.

Tabela 2 – Principais informações sobre as ações do programa

Unidade: Secretaria Municipal de Desenvolvimento Social							
Programa: atenção a crianças de 0 a 4 anos							
Descrição da ação	Unidade responsável	Tipo	Produto (bem ou serviço)	Unidade medida	Ano	Metas físicas	Valores (R$ 1)
Manutenção de 40 creches próprias	Coord. de Educação Infantil	A	Criança atendida	unidade	2002	4.000	3.840.000,00
					2003	4.000	3.840.000,00
					2004	4.000	3.840.000,00
					2005	4.000	3.840.000,00
					Total	16.000	15.360.000,00
Fornecimento de alimentação para quatro (04) creches mantidas por ONGs	Coord. de educação infantil	A	Refeições distribuídas	unidade	2002	422.400	640.000,00
					2003	422.400	640.000,00
					2004	422.400	640.000,00
					2005	422.400	640.000,00
					Total	1.689.000	2.568.000,00

Fonte: Vainer; Albuquerque; Garson, 2005.

> As categorias a partir das quais o Plano se organiza foram redesenhadas. O binômio "Programa-Ação", que estruturava tanto os planos plurianuais como os orçamentos, dá lugar a Programas Temáticos, Objetivos e Iniciativas, tornando-se a Ação uma categoria exclusiva dos orçamentos. Com isso, define-se uma relação de complementaridade entre os instrumentos, sem prejuízo à integração. O Plano tem como foco a organização da ação de governo nos níveis estratégico e tático, e o Orçamento responde pela organização no nível operacional. (Brasil, 2011, p. 9)

Conforme o documento, o PPA passa a ser estruturado nas seguintes dimensões:

> - Dimensão Estratégica: é a orientação estratégica que tem como base os Macrodesafios e a visão de longo prazo do Governo Federal;
> - Dimensão Tática: define caminhos exequíveis para o alcance dos objetivos e das transformações definidas na dimensão estratégica, considerando as variáveis inerentes à política pública tratada. Vincula os Programas Temáticos à consecução dos Objetivos assumidos, estes materializados por meio das Iniciativas expressas no Plano;
> - Dimensão Operacional: relaciona-se com o desempenho da ação governamental no nível da eficiência e é especialmente tratada no Orçamento. Busca a otimização na aplicação dos recursos disponíveis e a qualidade dos produtos entregues. (Brasil, 2011, p. 10)

Segundo esse mesmo documento:

O Programa Temático retrata no Plano Plurianual a agenda de governo organizada pelos Temas das Políticas Públicas e orienta a ação governamental. [...] O Programa temático se desdobra em Objetivos e Iniciativas.

O Objetivo expressa o que deve ser feito, refletindo as situações a serem alteradas pela implementação de um conjunto de Iniciativas, com desdobramento no território.

A Iniciativa declara as entregas à sociedade de bens e serviços, resultantes da coordenação de ações orçamentárias e outras: ações institucionais e normativas, bem como da pactuação entre entes federados, entre Estado e sociedade e da integração de políticas públicas.

Os Programas de Gestão, Manutenção e Serviços ao Estado são instrumentos do Plano que classificam um conjunto de ações destinadas ao apoio, à gestão e à manutenção da atuação governamental, bem como as ações não tratadas nos Programas Temáticos.

[...]

Atributos do programa temático

O Programa Temático é constituído pelos seguintes atributos (Quadro 1):

Quadro 1 – *Atributos do programa temático*

I. Código
II. Título
III. Contextualização
IV. Indicadores
V. Valor Global

> VI. Valor de Referência para a Individualização de Projetos
>
> VII. Como Iniciativas
>
> VIII. Objetivos
>   I. Código
>   Ii. Enunciado
>   Iii. Órgão Responsável
>   Iv. Caracterização
>   V. Meta Para 2015
>   Vi. Regionalização
>
> IX. Iniciativas

I. Código

Sistema de convenção adotado para organização e representação do programa. O mesmo código é utilizado no PPA e no Orçamento Federal.
[...]

II. Título

Expressa o tema a ser tratado. Portanto, sua conformação deve levar em conta um campo construído a partir de uma racionalidade pela qual o governo, a sociedade, a academia e outros atores relevantes reconheçam como uma área de atuação pública.
[...]

III. Contextualização

A contextualização do Programa Temático abordará os seguintes aspectos:

- uma interpretação completa e objetiva da temática tratada;

- as oportunidades e os desafios associados;
- os contornos regionais que a política pública deverá assumir;
- as transformações que se deseja realizar;
- os desafios que devem ser considerados pelos Objetivos.

Quando pertinente, o texto conterá gráficos e tabelas com a síntese das informações e mapas que permitam a análise temática no território. Se disponíveis, a contextualização deve também fazer referência a planejamentos setoriais.
[...]

IV. Indicador

O Indicador é um instrumento que permite identificar e aferir aspectos relacionados a um Programa Temático. Apurado periodicamente, auxilia o monitoramento da evolução de uma determinada realidade, gerando subsíios para a avaliação. O Indicador será composto dos seguintes atributos:

- Denominação: forma pela qual o Indicador será apresentado à sociedade;
- Fonte: órgão responsável pelo registro ou produção das informações necessárias para a apuração do Indicador e divulgação periódica dos índices;
- Unidade de Medida: padrão escolhido para mensuração da relação adotada como Indicador;
- Índice de Referência: situação mais recente da política e sua respectiva data de apuração. Consiste na aferição de um indicador em um dado momento, mensurado com a unidade de medida escolhida. [...]

V. Valor Global

Indica uma estimativa dos recursos necessários à consecução dos Objetivos relacionados ao tema no período do Plano. O PPA indicará o valor para o ano de 2012 e o consolidado para o período restante (2013 a 2015).

O Valor Global dos Programas Temáticos será especificado por esferas orçamentárias, com as respectivas categorias econômicas, e por outras fontes [...].

VI. Valor de referência para a individualização de projetos como iniciativas

Valores estipulados por Programa Temático e a partir dos quais os projetos serão individualizados no PPA como Iniciativas. Esses valores [...] devem permitir:

- identificar os projetos de maior relevância para cada Programa Temático;
- contribuir para o monitoramento, avaliação e gestão do Plano.

O valor de referência para individualização de projetos como Iniciativas será especificado por esferas orçamentárias e outras fontes [...].

O Valor de Referência para Individualização de Projetos como Iniciativas deve ser capaz de traduzir a relevância dos projetos do Programa Temático
de forma a explicitá-los no PPA.

Os projetos que apresentarem valor total, independentemente do período do Plano, igual ou superior ao valor de referência serão destacados no Plano como Iniciativas.

Os demais projetos, com valor inferior a esse corte, deverão estar vinculados a outras Iniciativas de forma agregada.

VII. Objetivo

Conceito:
O Objetivo expressa o que deve ser feito, refletindo as situações a serem alteradas pela implementação de um conjunto de Iniciativas, com desdobramento no território.

Cada Programa Temático é composto por um ou mais Objetivos que devem expressar as escolhas do governo para a implementação de determinada política pública. Espera-se, com esse conceito, que o Objetivo não seja apenas uma declaração descomprometida com as soluções. Relacionar o planejar ao fazer significa, justamente, entregar um Plano que ofereça elementos capazes de subsidiar a implementação das políticas com vistas a orientar a ação governamental.

O Objetivo apresenta as seguintes características:

- define a escolha para a implementação da política pública desejada, levando em
- conta aspectos políticos, sociais, econômicos, institucionais, tecnológicos, legais e
- ambientais. Para tanto, a elaboração do Objetivo requer o conhecimento aprofundado do respectivo tema, bem como do contexto em que as políticas públicas a ele relacionadas são desenvolvidas;
- orienta taticamente a ação do Estado no intuito de garantir a entrega à sociedade
- dos bens e serviços necessários para o alcance das metas estipuladas. Tal orientação passa por uma declaração objetiva, por uma caracterização sucinta, porém completa, e pelo tratamento no território, considerando suas especificidades;
- expressa um resultado transformador da situação atual em que se encontra um determinado tema;
- é exequível. O Objetivo deve estabelecer metas factíveis e realistas para o governo e a sociedade no período de vigência do Plano, considerando a conjuntura econômica, política e social existente. Pretende-se, com isso, evitar declarações genéricas que não representem desafios, bem como a assunção de compromissos inatingíveis;
- define Iniciativas. O Objetivo define Iniciativas que declaram aquilo que deve ser ofertado na forma de bens e serviços ou pela

incorporação de novos valores à política pública, considerando como organizar os agentes e os instrumentos que a materializam;
- declara as informações necessárias para a eficácia da ação governamental (o que fazer, como fazer, em qual lugar, quando), além de indicar os impactos esperados na sociedade (para quê).

Atributos dos objetivos

i. Código

Sistema de convenção adotado para organização e representação dos Objetivos no programa temático. [...].

ii. Enunciado

O Enunciado do Objetivo deve comunicar à sociedade as escolhas de governo, orientando taticamente a ação governamental e refletindo as situações a serem alteradas pela concreta distribuição de bens e serviços e pelo desenvolvimento de novos valores de políticas públicas.
[...]

iii. Órgão Responsável

Cada Objetivo terá como responsável pela sua coordenação um ministério, cujas atividades impactam de maneira mais contundente a implementação do Objetivo.
[...]

iv. Caracterização

Expressa os elementos de ordem tática que devem nortear a coordenação de governo e a implementação eficaz da política pública por parte de seus executores, evidenciando a caracterização da realidade

posta para o Objetivo (linha de base para a meta). Nesse sentido, serão detalhados o escopo (o quê fazer, como fazer, em qual lugar, quando) e as informações relevantes para o Objetivo, tais como aspectos legais, territoriais, tecnológicos, ambientais, de gestão e de financiamento.
[...]

v. Meta para 2015

É uma medida do alcance do Objetivo, podendo ser de natureza quantitativa ou qualitativa, a depender das especificidades de cada caso. Quando qualitativa, a meta também deverá ser passível de avaliação. Cada Objetivo deverá ter uma ou mais metas associadas.
[...]

vi. Regionalização

Fornece informações relacionadas à distribuição das metas estipuladas para o Objetivo no território. Pode ser também expressão regional do quadro atual a ser modificado pelo Objetivo. A regionalização será expressa em macrorregiões, estados ou municípios. Em casos específicos, poderão ser aplicados recortes mais adequados para o tratamento de determinadas políticas públicas, tais como região hidrográfica, bioma, territórios de identidade e área de relevante interesse mineral.
[...]

VIII. *Iniciativa*

[...]

A Iniciativa é um atributo do Programa Temático que norteia a atuação governamental e estabelece um elo entre o Plano e o Orçamento. As ações orçamentárias são criadas a partir das Iniciativas. Para cada Iniciativa podem corresponder uma ou mais ações orçamentárias. Da mesma forma, pode haver mais de uma Iniciativa por Objetivo.

A Iniciativa não se restringe a ações orçamentárias. É possível que o financiamento se dê por outras fontes. Além das formas de financiamento, as Iniciativas consideram também como as políticas organizam os agentes e instrumentos que a materializam (dimensão associada à gestão, relação federativa, relação público-privada, critérios de adesão, condicionantes, priorizações, mecanismos de seleção e identificação).

[...].

Fonte: Brasil, 2011, p. 12 -25.

O conceito de Iniciativa neste novo modelo encontra equivalência ao de ações (projetos e atividades) nos PPAs anteriores.

Na estrutura dos três últimos PPAs, os programas eram de dois tipos: Programas Finalísticos e Programas de Apoio às Políticas Públicas e Áreas Especiais. A atual estrutura passa a ter Programas Temáticos e Programas de Gestão, Manutenção e Serviços ao Estado. Os atuais conceitos de Programas Temático e de Gestão, Manutenção e Serviços ao Estado encontram equivalência, respectivamente, nos Programas Finalísticos e de Apoio às Políticas Públicas e Áreas Especiais dos PPAs anteriores.

Outra mudança diz respeito ao nível de detalhamento: os PPAs anteriores eram compostos por Programas e Ações. Na estrutura atual, as Ações passam a ser categoria exclusiva dos Orçamentos. No atual modelo, as Ações correspondentes às Iniciativas num Programa Temático serão detalhadas somente na LOA. Aos Programas de Gestão, Manutenção e Serviços ao Estado, não são estabelecidos Objetivos e Iniciativas e, igualmente, terão as suas Ações detalhadas apenas na LOA.

Referências

BRASIL. Constituição (1988). *Diário Oficial da União*, DF, 05 out. 1988. Disponível em: <http://www.planalto.gov.br/ccivil_03/Constituicao/Constituiçao.htm>. Acesso em: 12 ago. 2008.

_____. Decreto n. 2.829, de 29 de outubro de 1998. *Diário Oficial da União*, Poder Legislativo, Brasília, DF, 30 out. 1998. Disponível em: <http://www.planalto.gov.br/ccivil_03/decreto/D2829.htm>. Acesso em: 12 ago. 2008.

_____. Lei n. 4.320, de 17 de março de 1964. Diário Oficial da União, Poder Legislativo, Brasília, DF, 23 mar. 1964. Disponível em: <http://www.planalto.gov.br/ccivil_03/Leis/L4320.htm>. Acesso em 1º jul. 2008.

BRASIL. Ministério da Fazenda. Secretaria do Tesouro Nacional. Portaria n. 42, de 14 de abril de 1999. *Diário Oficial da União*, Brasília, DF, 15 abr. 1999. Disponível em: <http://www.tesouro.fazenda.gov.br/legislacao/download/contabilidade/portaria42.pdf>. Acesso em: 12 ago. 2008.

BRASIL. Ministério do Planejamento Orçamento e Gestão. *Classificações orçamentárias*. Disponível em: <http://www.planejamento.gov.br/orcamento/conteudo/sistema_orcamentario/classificaoes_orcamentarias.htm>. Acesso em: 12 ago. 2008.

_____. Secretaria de Planejamento e Investimentos Estratégicos. *Orientações para elaboração do Plano Plurianual 2012-2015*. Brasília: MP, 2011. Disponível em: <http://www.planejamento.gov.br/secretarias/upload/Arquivos/spi/publicacoes/Orientacoes_para_Elaboracao_do_PPA_2012-2015.pdf>. Acesso em: 25 ago. 2011.

DETTMER, O. *Orçamento Criança e Adolescente*. Disponível em: <http://www.sst.sc.gov.br/arquivos/APRESENTA__O_OR_AMENTO_CRIAN_A_E_ADOLESCENTE.ppt>. Acesso em: 05 out. 2007.

GARCIA, R. C. *A reorganização do processo de planejamento do Governo Federal*: o PPA 2000-2003. Brasília: Ipea, 2000. (Textos para discussão, n. 726). Disponível em: <http://www.ipea.gov.br/pub/td/td_2000/td_726.pdf>. Acesso em: 12 ago. 2008.

VAINER, A.; ALBUQUERQUE, J.; GARSON, S. *Manual de elaboração*: o passo a passo da elaboração do PPA para municípios. 2. ed. Brasília: MPOG, BNDES, 2005.

Respostas

Capítulo 1
1. V, V, V, F, F
2. b
3. e
4. a
5. Todas as alternativas são verdadeiras.

Capítulo 2
1. c, e
2. b
3. V, F, V, V, F
4. c
5. e

Capítulo 3
1. c, e
2. d
3. V, V, V, F, V
4. d
5. d

Capítulo 4
1. b, e
2. e
3. d
4. d
5. c

Capítulo 5
1. V, V, F, V, V
2. d
3. b
4. e
5. a

Capítulo 6
1. V, V, F, F, F
2. e
3. c
4. e
5. a

Capítulo 7
1. Todas as alternativas são verdadeiras.
2. d
3. V, F, V, V, V
4. c
5. c

Sobre o autor

ROOSEVELT BRASIL QUEIROZ é funcionário de carreira da Secretaria de Estado do Planejamento e Coordenação Geral do Paraná, em que atua na área de formulação e de gestão de políticas públicas desde 1977. Atualmente, exerce função técnica no Ministério Público do Paraná na área de planejamento institucional. É mestre em Engenharia de Produção pela Universidade Federal de Santa Catarina – UFSC (2002), especialista em Planejamento Governamental (1977), e engenheiro agrônomo pela Universidade Federal do Paraná – UFPR (1976). Desde 2003, exerce atividades docentes em vários cursos de pós-graduação. Na Faculdade de Tecnologia Internacional (Fatec Internacional), leciona a disciplina Gestão de Políticas Públicas no curso de graduação em Gestão Pública.

Os papéis utilizados neste livro, certificados por instituições ambientais competentes, são recicláveis, provenientes de fontes renováveis e, portanto, um meio responsável e natural de informação e conhecimento.

Impressão: Reproset
Abril/2023